Freie Bahn für die Kurpfuscher?

Von

Medizinalrat Dr. Heinrich Kantor

Primararzt am Allgemeinen öffentlichen Krankenhause in Warnsdorf
Herausgeber und Schriftleiter des „Gesundheitslehrer", offiziellen Organes der Deutschen
Gesellschaft zur Bekämpfung des Kurpfuschertums

Mit einem Geleitwort

von

Dr. Otto Neustätter

Direktor des historischen Hygiene-Museums Dresden
Schriftführer der Deutschen Gesellschaft zur Bekämpfung
des Kurpfuschertums

Springer-Verlag Berlin Heidelberg GmbH
1917

ISBN 978-3-662-42197-0   ISBN 978-3-662-42466-7 (eBook)
DOI 10.1007/978-3-662-42466-7

Geleitwort.

Die gewaltigen Erschütterungen, denen der Krieg Gesundheit und Leben, Hab und Gut unseres ganzen Volkes ausgesetzt hat, machten es unumgänglich nötig, allen irgendwie vermeidbaren Gefahren im Inneren des Reiches, allem unlauteren Gebaren, allen Spekulationen auf die Schwäche und Not entschieden entgegenzutreten. Dazu wurden Gesetze und Verordnungen erlassen, die mit vielem aufräumten, was aus manchesterlichen Idealen oder aus Interessenpolitik heraus, bisher den sozialen Forderungen gegenüber mit mehr Scheu behandelt wurde, als für die Gesamtheit gut war.

Dieser moralische Druck hat auch zu Maßnahmen geführt, die den schweren und vielseitigen Mißständen auf dem Gebiete des Heilgewerbes und der Heilreklame in kräftiger Weise zu Leibe rückten. Die, englischem Vorbild folgende, Ausdehnung der schrankenlosen Gewerbefreiheit auf den ärztlichen Beruf, der doch gewiß nicht weniger Voraussetzungen an tiefere Schulung und moralische Eignung stellt wie der des Lehrers und Geistlichen — ganz zu schweigen von Seeschiffern, Automobilführern, Stellenvermittlern, Pfandleihern, Hufbeschlagern u. a. —, diese Freigabe einer so verantwortungsvollen Tätigkeit ohne jede Voraussetzung von Wissen, Können und Charakter hat den Abenteurer geschützt, den Kranken aber zum Ausbeutungsobjekt gemacht.

Es waren, wie auf vielen anderen Gebieten, so auch hier die militärischen Befehlshaber, die kräftig und geschickt zugriffen und, ohne das Prinzip der Kurierfreiheit aufzuheben, die Kurpfuschereifreiheit unterbanden. Sie setzten nämlich den schlimmsten Übelständen und besonders gefährlichen Behandlungen — sei es gefährlich durch das Wesen bestimmter Krankheiten (Geschlechtsleiden, Frauenleiden, Krebs, Tuberkulose, Nervenleiden u. a.), sei es durch die Weise der Behandlung (Fernbehandlung, auch durch irreführende Anpreisungen, mystische Verfahren, Betäubungsmittel u. a.) — ein Verbot entgegen. Dazu sahen sie sich im wohlerkannten Interesse der Allgemeinheit genötigt trotz einflußreicher Gegenströmungen. Man weiß eben gerade beim Heere, was ohne die approbierten Vertreter der Heilkunde zu erwarten gewesen wäre: wie der Simulation, der Verschleppung von Krankheitszuständen, der Erzeugung von Kriegsneurosen, Tür und Tor sich geöffnet hätten, wie Seuchen durch die von den „nichtapprobierten Heilkundigen" verbreiteten falschen Theorien und die großgezüchtete Scheu und Angst vor jeder Impfung und sanitären Gesetzesmaßnahme gefördert worden wären und so unsere Wehrkraft und unsere Heimbevölkerung erschüttert hätten, wie die Renten für die Kriegsbeschädigten, durch ungenügende oder falsche Behandlung und vor allem durch die Unfähigkeit der Begutachtung, ins Unerschwingliche gestiegen, wie durch billige Verheißungen gleißender Art auf geduldigem, bilder- und wortegeschmücktem Papier, Millionen aus den Taschen der für die täglichen Bedürfnisse notdürftig eingestellten Massen in den unersättlichen Rachen einer nach englisch-amerikanischem Muster arbeitenden Großkurpfuscherei für erhoffte, aber uneinlösbare Wohltaten gewandert wären.

Zunächst von einzelnen Generalkommandos in Angriff genommen, hat sich diese verdienstvolle Abhilfe schließlich über ganz Deutschland erstreckt. Nur Berlin und die Marken machen noch eine Ausnahme. Aber auch hier konnte man nicht umhin, einige besonders üble Betriebe zu schließen, während man freilich andererseits den von fremden Stätten auswandernden Zweiggeschäften Anziehung und den in anderen Bezirken unterbundenen Reklamekünsten Unterschlupf gewährte.

Es frägt sich nun, wie soll es weiterhin werden? Sollen mit dem Frieden wieder alle jene Gefahren für die gutgläubigen Kranken heraufziehen, die durch die Nervenzermürbung der schweren Zeiten noch ganz besonders groß geworden sind? Soll bei uns in Deutschland die Kurpfuscherei weiter uneingeschränkt ihr Wesen treiben, während man ihr sogar in England schon vor dem Krieg entgegentrat? Obgleich der Deutsche sich nie zu gleicher Gefeitheit gegen den Bluff gerade der Heilreklame aufschwingen wird, für den es ja in unserer Sprache gar kein Wort gibt? Ihm wird stets, was erlaubt ist, als berechtigt und gut erscheinen. Wie sollte in den Zeitungen, in Broschüren, in Plakaten, in Vorträgen, auf

Verpackungen etwas angepriesen werden dürfen, wenn es nicht wahr wäre!? Höchstens auf dem Jahrmarkte ist der Deutsche an die Schreierei gewöhnt, aber hinter der Druckerschwärze, hinter „wissenschaftlichen" Erörterungen sieht er nur Wahrheit. Sein Wesen ist auf die Phrase nicht eingestellt und unterliegt ihr daher nur allzu leicht.

Hier wird es Aufgabe unserer gesetzgebenden Körperschaften sein, die oben gestellte Frage zu beantworten. Nicht um den „Kampf zwischen approbierten und nicht approbierten Vertretern der Heilkunde" geht es, wenngleich der Arzt, von dem man ein langjähriges, kostspieliges und mühsames Studium verlangt, schon von reinem Gerechtigkeitsgefühl erwarten dürfte, daß man seine, in der ganzen übrigen Kulturwelt anders eingeschätzte Vorarbeit für seinen Beruf, etwas höher bewerten sollte, als daß man ihm nunmehr kaum seinen Titel mehr zukommen lassen will und auch Leute, die von der Heilkunde nichts verstehen, als Vertreter dieser Wissenschaft und Kunst bezeichnet, ganz zu schweigen davon, daß er als einziges „Vorrecht" in der Praxis die Beschränkung auf „Höchstpreise" und eine größere strafrechtliche Verantwortung voraushat! Nein — auch die Krankenbehandlung muß geregelt werden vom Gesichtspunkte der sozialen Wohlfahrt! Keine unverdienten Privilegien, keine Sonderrechte, sofern sie nicht auch für die Allgemeinheit günstig wirken. Freie Bahn für jeden Tüchtigen — der seine natürliche Begabung an eiserner Schulung zu erproben und zu vervollkommnen bereit ist! Also etwa: Erleichterung der Zulassung zum ärztlichen Studium, Unterstützung beim Studium für besonders Begabte, auch wenn sie nicht alle die üblichen Vorbedingungen erfüllen können! Aber auch keine Privilegien für jeden, der sich selbst das Zeugnis des Talentes oder gar des Genies ausstellt! Kein Privileg für den verkrachten Kaufmann, den ausgestoßenen Lehrer, Geistlichen oder Rechtsanwalt, oder gar den wiederholt bestraften Gauner und selbst den Zuchthäusler und Mörder, die bisher alle ohne weiteres als „nichtapprobierte Heilkundige" arzten konnten und auch, wie vielfach gerichtsnotorisch, gearztet haben. Freie Bahn auch dem Kranken! Frei von Schlingen und Gruben pfiffiger Wegelagerer, die seine Hilflosigkeit und Hoffensfreudigkeit so gewandt ausbeuten!

Der Ernst der Sache war es, der so oft schon Gerichte, Verwaltungsbehörden, Regierungen und gesetzgebende Körperschaften zu Kundgebungen und zum Eingreifen veranlaßt hat. So u. a. die Reichsregierung durch den im Plenum des Reichstags arg zerzausten, im Ausschuß aber in wesentlichen Teilen schon angenommenen Entwurf gegen die Mißstände im Heilgewerbe, der leider durch den Schluß der Session nicht weiter beraten wurde. Neuerlich, in einem bemerkenswerten, einstimmigen Beschluß, die Vollversammlung der Landesversicherungsanstalten Ende 1915 in Berlin, der sich für ein Verbot der Kurpfuscherei aussprach. Vor allem, und bisher allein mit Erfolg, die stellvertretenden Generalkommandos.

In heftigster Weise wurden die Generalkommandos und die Behörden, die sonst gegen das Kurpfuschertum sich wandten, angegriffen, die Ausführungen der Abgeordneten Groeber, Stücklen, Haenisch u. a. dagegen bejubelt, als ob sie ganz auf Seite der Kurpfuscher und des Heilschwindels ständen. Mit aller Macht will man sich vor allem dagegen wenden, daß irgend etwas von den jetzigen segensreichen Bestimmungen in den Frieden hinübergenommen werde.

Wieder haben die Vertreter des organisierten Kurpfuschertums die Agitation aufgenommen. Sogar zu einer Immediateingabe sind sie geschritten! Leider hat sich ihnen die Naturheilvereinsorganisation, trotz der Warnungen und Kundgebungen aus den eigenen Kreisen — die wissen, wie viele üble Elemente man schon abschütteln mußte — wieder angeschlossen und setzt so die gute Seite ihrer Arbeit wieder in Schatten.

Die auch vor Täuschungen und üblen Wahlmanövern nicht zurückschreckende Organisation des Kurpfuschertums hat bei der Kurpfuschereivorlage im Jahre 1910 leider nicht den Eindruck bei Reichstagsmitgliedern verfehlt. Inzwischen werden ja unsere Aufklärungen, die dem Reichstag durch den Reichstagsabgeordneten Dr. Struve in der Sitzung vom 10. Februar 1914 bekannt geworden sind, wohl mehr kritische Vorsicht gegenüber den Angaben von jener Seite erweckt haben. Immerhin wird es nicht an neuen Versuchen fehlen, für die „Kurierfreiheit" Stimmung zu machen. Da wird es allen denen, die sich ein unparteiisches Urteil bilden wollen, nur willkommen sein, die Erfahrungen und Schlußfolgerungen kennenzulernen, zu denen einer der gründlichsten

Kenner des Kurpfuschertums und Heilmittelschwindels, Herr
Medizinalrat Dr. Kantor, gekommen ist, und einen tieferen
Einblick in das wirkliche Wesen dieser Freiheit zu erhalten.

In einer kurzen Broschüre lassen sich nur die wichtigsten
Fragen streifen. Wer ausführlicheres Material und besonders
mehr Belege für das hier Dargelegte sucht, sei auf unsere offizielle
Monatsschrift, den „Gesundheitslehrer“, verwiesen, der
soeben in seinen 20. Jahrgang eingetreten ist und besonders
auch bei Behörden wegen seiner wichtigen Aufklärungen und
seiner Sammlungstätigkeit sich stetig steigenden Interesses er-
freut, ferner auf die am Schlusse angeführten neueren Arbeiten.

Für eine besonders wichtige Frage ist im Anhang noch wert-
volles Material beigebracht: für den Geburtenrückgang,
sofern er durch die Kurpfuschereifreiheit gefördert wird. Gewiß
läßt sich der Geburtenrückgang nicht allein vom Gesichtspunkt
der Kurpfuschereibekämpfung behandeln. Jeder, der sich einmal
mit diesem Problem befaßt hat, weiß, wie schwerwiegend soziale
Mißstände, gesellschaftliche Nöte, persönliche Gefühlsmomente,
religiöse Auffassungen, Standessitten, Unnatur u. a. sich dabei
zur Geltung bringen. Im besonderen kreuzen sich die realpolitischen
Forderungen gegen Verbreitung der Geschlechtskrankheiten mit
dem Bestreben die Antikonzeptionsmittel zu unterdrücken, wofür
ich in einer früheren Arbeit (Zeitschr. f. Bekämpfung d. Geschlechtskrankheiten) eine Lösung zu finden suchte. Doch beschränkt
sich dies im Wesen auf den Mann, während die hier zuständigen
Anlockungen und Gefahren die Frau treffen. Deshalb läßt sich
auch, ohne den Kampf gegen die ihrerseits eine wichtige Ursache
des Geburtenrückgangs bildenden Geschlechtskrankheiten zu be-
einträchtigen, dem im Anhang geschilderten Unwesen zu Leibe
rücken. Und zwar geschieht dies mit am einfachsten und aus-
sichtsreichen durch die Unterbindung des Kurpfuschertums und
Heilinseratenwesens. Gewiß ist auch mittels der jetzigen Gesetzgebung gegen die Abtreibung eher als anderweits ein Einschreiten
mit Erfolg möglich. Aber es haftet ihm eine verderbliche Um-
ständlichkeit und Unsicherheit an. Ein Verbot jeder Behandlung
von Störungen in der weiblichen und männlichen Sexualsphäre
durch Nichtapprobierte, wird nicht allein ausreichen. Wer hindert
z. B. den Naturheilbeflissenen, Magnetopathen, Biochemiker usw.,
in seinem Sprechzimmer sich auch mit diesen zu befassen? Eine

einzige noch so unsinnige Theorie, wie sie z. B. den Kuhne-Felke-schen Geschlechts - Reibesitzbädern zugrunde liegt, würde den Nichtapprobierten vor Gericht decken. Hätte er doch nur im Interesse der richtigen Säfteverteilung oder ähnlichem sich da zu schaffen gemacht!

Nur in organischer Verbindung mit einer allgemeinen Regelung der Kurpfuscherei und der Heilreklame, wofür die Generalkommandoerlasse wichtige Fingerzeige geben, wäre der Verleitung und Anleitung zum Verbrechen, den schweren Gesundheitsschädigungen und vielen Todesfällen bei der Fruchtabtreibung, und dem Triumph des geriebenen Gewerbebetriebes, der sich selbst so häufig aus den Schlingen zu ziehen weiß, während er seine Opfer körperlich und ethisch vernichtet, vorbeugend entgegenzutreten. Eine solche klare Gesetzgebung würde alsbald ihre günstige Wirkung nicht nur in den Spalten der Witz-, illustrierten und anderen Blätter, sondern auch in einem Rückgang der Abortivschädigungen und einem Ansteigen der Geburten erweisen.

Die vom sozialen und humanitären Standpunkt daneben zu fordernden Ausgleiche sind hier nicht zu erörtern, nur zu wünschen.

Daß außer dieser besonders vordringlichen Notwendigkeit, unvorgebildete und unverantwortliche Elemente von der Behandlung menschlicher Leiden fernzuhalten, noch andere zwingende Gründe vorliegen, geht aus den folgenden Darlegungen hervor. Sie beruhen auf langjährigen Beobachtungen und Erfahrungen, die zu vertreten der Verfasser trotz vieler Schmähungen und nicht seltener schwerer Bedrängnisse nie versagt hat. Wir alle, die wir diesen Kampf seit Jahren führen, wissen, welchen Dornenpfad wir gehen. Wenn er nur endlich einmal zu einem Aussichtspunkt führt! Es ist zu hoffen, daß die vorliegende Broschüre dazu beiträgt. Möchten insbesondere auch die Ausführungen über die Naturheilkunde, über deren doppeltes Wesen, deren Vorzüge und Gefahren noch immer so viel Unklarheit herrscht, Beachtung finden. Auch wir sind nicht blind gegen die Naturheilanhänger, wissen aber zwischen ihnen und den Naturheilgewerbetreibenden scharf zu trennen!

Dr. Neustätter,
Schriftführer der Deutschen Gesellschaft
zur Bekämpfung des Kurpfuschertums.
(Sitz: Dresden.)

Vorwort.

An der Grenze Österreichs und Deutschlands seit mehr als 30 Jahren im ärztlichen Berufe tätig, habe ich reichlich Gelegenheit gehabt, zu beobachten, welchen unheilvollen Einfluß das im Deutschen Reiche freigegebene Kurpfuschertum auch auf die Bevölkerung diesseits der schwarzgelben Grenzpfähle besitzt. Das war der Grund, weshalb ich seit zwei Jahrzehnten das Wesen des Kurpfuschertums einem besonderen Studium unterzog. Ich tat dies auch aus dem Gesichtspunkte, weil die gesundheitlichen, wirtschaftlichen und ethischen Gefahren der Medikasterei so gut wie gar nicht einer systematischen Bearbeitung bis zu jener Zeit gewürdigt worden sind.

Als ein Beitrag hierzu diene die vorliegende kleine Schrift, zu welcher mich die Angriffe angeregt haben, denen die während des jetzigen Krieges erlassenen und gegen das Kurpfuschertum gerichteten Verordnungen der Militärbehörden im Deutschen Reiche ausgesetzt waren.

Warnsdorf, Ostern 1917.

Dr. Kantor.

Inhalt.

Zur Geschichte der Kurpfuschereifreiheit.

1. Ärzte für die Kurierfreiheit.

Der Norddeutsche Bund hatte seit 1869, das Deutsche Reich hat seit 1873 Kurierfreiheit — richtiger Kurpfuschereifreiheit; denn Kurierfreiheit setzt die Fähigkeit und das Wissen zum Kurieren voraus, die aber in keinerlei Form benötigt werden zur Ausübungserlaubnis der Krankenbehandlung.

Es wird nun von den Verfechtern der Beibehaltung dieses in die deutsche Rechts- und Geistesverfassung schlecht hineinpassenden Zustandes besonders betont, daß im Jahre 1869 die Kurierfreiheit von der gesamten Ärzteschaft — eine falsche Darstellung, die aber hier übergangen sei — als ein Kulturgut fürs Deutsche Volk gefordert worden war, dessen geistige und kulturelle Höhe es bedinge. Tatsächlich hatte noch das Notgewerbegesetz von 1868 für den Gewerbebetrieb der Ärzte, Apotheker, Hebammen, Rechtsanwälte, Notare, Seeschiffer usw. einen Befähigungsnachweis verlangt. Auch in der Vorlage der Gewerbeordnung von 1869 erklärte die Bundesregierung einen Verzicht auf den Befähigungsnachweis für unzulässig und unmöglich, weil sonst die Gesetzgebung in tiefen Widerspruch mit dem öffentlichen Bewußtsein und mit den berechtigten Forderungen, welche an die Staatsgewalt im Interesse der Sorge für Leben und Gesundheit der Staatsangehörigen gestellt werden, treten würde[1]). Eine Wechselrede über diesen Gegenstand war im Reichstage selbst nicht erwartet und ganz ausgeschlossen; sie wurde erst in der 2. Lesung der Gesetzesvorlage angeregt durch eine Petition der Berliner Medizinischen Gesellschaft, die, von einigen anderen kleineren medizinischen Vereinigungen unterstützt, die Preisgabe des Kurpfuschereiverbotes forderte, wodurch sie eine Herabminderung der Gefahren der heimlichen, durch Gesetz

doch nicht ausrottbaren Kurpfuscherei und einen Rückgang des
ganzen Unwesens erhoffte. Die Petition wurde von den Ärzten
Dr. Löwe (Calbe) und Wigand (Dresden) energisch befür-
wortet, so daß die Kurpfuscherei ein erlaubtes Gewerbe wurde.

Der damalige Vertreter der Bundesregierungen, der Präsident
des Bundeskanzleramtes von Delbrück, der eifrigste Vertreter des Freihandels, führte gegen den Beschluß der 2. Lesung im Reichstag aus[2]): man könne es als eine Errungenschaft
der neueren Zeit bezeichnen, daß mit den gesteigerten Anforderungen, welche der Staat an die wissenschaftliche und tech-
nische Befähigung der Personen stelle, denen er die Erlaub-
nis zur ärztlichen Behandlung seiner Bürger ausschließlich erteilt, das mittelalterliche verderbliche
Treiben der Quacksalber, Marktschreier, Olitätenkrämer usw.
allmählich wenigstens von der Straße gewichen sei. Freigeben
der gewerbsmäßigen Medizinalpfuscherei würde all
diesem Unwesen wieder Tür und Tor öffnen. Mehr noch
als die Verhütung des Verfalles des ärztlichen Standes, müsse
für den Staat die sanitätspolizeiliche Sorge für die Beschränkung und Verhütung von ansteckenden Krankheiten und Seuchen ein dringend maßgebender Grund
werden, das Strafgebot gegen die gewerbsmäßige Medizinalpfuscherei aufrecht zu erhalten. Dieser Warnungs-
ruf der für das gesundheitliche Wohl der Staatsbewohner verantwortlichen Stelle verhallte ungehört.

Andererseits wird von der Organisation der Kurpfuscher
wiederum behauptet, daß die Ärzteschaft nicht die Kurpfuscherei-
freigabe als ein Kulturgut gefordert, sondern nur einen Kuhhandel mit dieser Befürwortung betrieben hätte. Ihr eigent-
licher Zweck sei es gewesen, den Kurierzwang loszu-
werden, der den Ärzten so zuwider gewesen, daß sie für seine
Aufhebung selbst ihres bisherigen Kurierprivilegs sich zu ent-
äußern bereit gewesen seien. Also zwei ganz entgegengesetzte Darstellungen aus gleicher Quelle.

Dr. Neustätter hat in einer Quellenarbeit[3]) die ganze Hin-
fälligkeit dieser Legende erneut erwiesen: Der Regierungsentwurf
hatte im Gegensatz zu der sonstigen Gewerbefreiheit den Befähigungsnachweis für Ärzte als im öffentlichen Interesse liegend vorge-
sehen. Dem erst in der 2. Lesung die Regierung überraschenden

Antrag auf Kurierfreiheit stellte sie als einer fundamentalen Änderung schwerste Bedenken entgegen; ohne Erfolg. Nachdem so die Kurierfreiheit in 2. Lesung beschlossen, kam erst in 3. Lesung, und zwar drei Wochen vor der neuerlichen Erörterung der Kurierfreiheit, der Vorschlag zur Aufhebung des Kurierzwanges. Diesem wurde ohne jeden Widerspruch zugestimmt. Wie leicht wäre es bei einem beabsichtigten Kuhhandel gewesen, nachträglich die Forderung aufzugeben, besonders da der nochmals die große Tragweite hervorhebende Widerspruch der Regierung als goldene Brücke ganz unauffällig hätte benutzt werden können!

2. Ärzte gegen die Kurierfreiheit.

Die Zeit hat gelehrt, daß nicht die von politisch-manchesterlich angehauchter Seite vorangeführten Gründe, sondern die Gegengründe und Anschauungen der damaligen verantwortlichen Staatsstelle berechtigt waren.

Alsbald stellten sich die üblen Folgen der neuen Gesetzeslage ein, und die Ärzte waren die nächsten dazu, sie in ihrer ganzen Verderblichkeit zu überblicken. Selbst die ursprünglichen Anhänger der Kurierfreiheit — wie z. B. auch Virchow, der immer als Kronzeuge für die uneingeschränkte Kurierfreiheit zitiert wird, obgleich er später in seinem „Gruß an das neue Jahrhundert" (Virchows Archiv) die Jünger der Naturheilmethode und ihre Forderungen mit scharfem Hohn geißelte — sind sehr bald zu der sicheren Überzeugung gekommen, daß jene Befürwortung der Kurierfreiheit auf einer Selbsttäuschung beruhte, die da glaubte, zur Unterscheidung zwischen einem entsprechend durchgebildeten Ärztetum und dem Kurpfuschertum genüge die Allgemeinbildung und Urteilsfähigkeit der Bevölkerung, und in der Öffentlichkeit würde alsbald das Treiben der früher lichtscheuen Kurpfuscherei hinwelken! Man überschätzte die Förderung der Bildung auf die Erkenntnis von der Ursache und Wirkung in einem so komplizierten Vorgang, wie die Heilung von Krankheiten und unterschätzte die Wirkung jener allgemeinen Anschauung im Volke, daß gut und nützlich ist, was der Staat erlaubt.

Gerade weil die deutsche Ärzteschaft seit 1869 wie kein anderer Stand Gelegenheit gehabt hat zu beobachten, welches Unheil angerichtet worden ist, und weil es in der Berufspflicht des Arztes liegt, auf die gesundheitlichen Schäden des Volkes und des

einzelnen aufmerksam zu machen und auf die Beseitigung zu
dringen, war es Pflicht der Ärztetage, ihre Stimmen immer
wieder zu erheben, bis sich ihnen andere, insbesondere auch maßgebende Behörden, anschlossen. Aus diesem Pflichtgefühl heraus,
aus dem Bewußtsein, daß für diese Arbeit eine besondere Stelle
da sein müßte, ist auch 1903 die Gründung einer Deutschen
Gesellschaft zur Bekämpfung des Kurpfuschertums
erfolgt, die gerade vom Standpunkte der Allgemeinheit
und nicht nur unter Beteiligung von Ärzten sich die Aufgabe
gestellt hat, die Mißstände auf dem Heilgebiet aufzudecken und
zu bekämpfen.

Das Verhalten der Deutschen Ärzteschaft im Jahre 1869 und
später bei so vielen Gelegenheiten hat zur Genüge bewiesen, daß
sie im Hinblick auf öffentliche Dinge sich nicht von Rücksichten
auf zünftlerische Schranken und Privilegien leiten ließ. Sie hat
ihrer Überzeugung gegen ein Kurpfuschereiverbot so rückhaltlos
und ganz aus eigener Anregung im vermeintlichen Interesse der
Allgemeinheit Ausdruck gegeben, daß sie noch heute als Kron-
zeugin von den Vorkämpfern der Kurpfuscher geführt wird. Sie
hat danach aber auch das volle Recht auf Anerkennung und
Achtung ihrer seitdem geänderten, nicht minder ehrlichen Überzeugung, die sie aus Erfahrungen schlimmster Art schöpfte, und
die sie seit Jahrzehnten auf einer Reihe von Ärztetagen die Aufhebung der schrankenlosen Kurierfreiheit im öffentlichen Interesse
als geboten verlangen ließ. Indem die Ärzteschaft dies tat, hat
sie auch keine anderen allgemeinen Anschauungen vertreten,
als sie in sämtlichen Kulturstaaten Deutschlands für die einzelnen
Strafbestimmungen zur Hintanhaltung der Kurpfuscherei maßgebend waren. Wenn die Ärzte dabei auch das Interesse ihres
Standes vertreten, so ist dabei doch gewiß nicht zu leugnen,
daß die Wahrung des Ansehens und der Achtung, die der Ärzte-
stand und die ärztliche Wissenschaft verdienen, auch zum Schutz
des Publikums vor gesundheitlichen und ökonomischen Gefahren
notwendig ist!

Die Organisation des Kurpfuschertums.

Die Kurpfuschereifreiheit hat in Deutschland die Zahl der un-
approbierten Krankenbehandler nicht nur um Tausende vermehrt,

sondern auch mit starken materiellen Mitteln versehen. Mit diesen wiederum schuf man sich neuen Einfluß auf die Presse, auf abhängige Kreise, man schuf vor allem auch eine ausgedehnte Organisation, die früher für das „ehrlose“ Gewerbe unmöglich gewesen wäre. Die Organisation wirkte dann wiederum machtsteigernd, und ihre auf Massenwirkung abzielende Kraft wurde durch Zusammenschluß mehrerer Verbände noch besonders verwertet, als es galt, gegen das von der Regierung im Reichstage seinerzeit eingebrachte Kurpfuschergesetz Abwehrmaßregeln zu ergreifen. So hatte sich eine Vereinigung zur Erhaltung der Kurierfreiheit gebildet, welcher „der Deutsche Bund der Vereine für naturgemäße Lebens- und Heilweise“, gemeinhin Naturheilvereinsbund genannt, mit seinen Tausenden von Mitgliedern angeschlossen war. Eine Organisation für sich bildete die Gruppe von Heilgewerbetreibenden im „Deutschen Verein der Naturheilkundigen“. Außerdem bestand noch ein „Bund für freie Heilkunst“, der spätere „Zentralverband für Parität der Heilmethoden“, unter dem „Präsidenten“ Gottlieb. Letzterer behauptete, 40 000 Mitglieder in seinem Bunde zu zählen und 3 000 000 Anhänger zu repräsentieren[4]).

Diese Organisationen besaßen und besitzen natürlich auch ihre Presse, waren überaus eifrig in öffentlichen Versammlungen tätig, wirkten mit Hilfe ihrer reichlichen Mittel durch Flugschriften, Broschüren usw. Man verstand es auch, durch agitatorisches Vorgehen auf die Abgeordneten einzuwirken, an die man sich unter dem Deckmantel der verschiedensten politischen Schlagworte liberaler, konservativer oder religiöser Art heranzumachen wußte. Man stellte Zählkanditaten auf, verfaßte Wahlaufrufe — alles „im Interesse der Allgemeinheit“. Vor allem versäumte man nicht, mit Maßnahmen gelegentlich der Wahlen zu drohen!

M. d. R. Dr. Struve teilte in der Reichstagsverhandlung am 10. Februar 1914 mit: der von Gottlieb in Heidelberg geleitete „Zentralverband für Parität der Heilmethoden“, habe gegen das Kurpfuschereigesetz lebhaft agitiert und 59 Reichstagsabgeordnete dahin verpflichtet, daß sie im Falle ihrer Wahl sich unter allen Umständen wider ein solches Gesetz aussprächen.

In der Verhandlung vor dem Amtsgerichte Groß-Lichterfelde am 19. Januar 1914 hatte Dr. Neustätter den Wortlaut jener

Reverse vorgelegt[5]), mit denen dieser Zentralverband für Parität der Heilmethoden die Abgeordneten zur Einhaltung ihrer Zusage verhalten wollte: „Würden Sie einem Gesetz, das die ·Kurierfreiheit entweder vollständig oder wie der vom letzten Reichstag begrabene Entwurf versteckt, auf Umwegen oder teilweise aufhebt, Ihre Stimme versagen (ja oder nein)?" Hierbei berief sich Gottlieb darauf, daß dieser Zentralverband 3 000 000 Anhänger besitze; je nach der Antwort werde man sofort Weisungen für die Wahlen zugehen lassen — ein reiner Bluff! Genau wie die in der Aufschrift des Vereinsorganes namhaft gemachte Zahl von 46 000 Mitgliedern oder die Angabe, der Verband bezwecke die Bekämpfung unlauterer Elemente in der Heilkunde!

Hieraus läßt sich ein Rückschluß ziehen auf die Agitation, welche der Zentralverband für Parität der Heilmethoden entfaltete, als der Kurpfuschereigesetzentwurf im Jahre 1910 im Reichstage zur Verhandlung stand. Trotzdem aber hat der zur Beratung dieses Gesetzentwurfes eingesetzte Ausschuß die ersten fünf Paragraphen mit kleinen Änderungen angenommen und dadurch gerade jene zahlreichen Bestimmungen gutgeheißen, welche dieser Gesetzentwurf im Jahre 1910 und die Verordnungen der stellvertretenden Militärkommanden in den Jahren 1915—1916 gemeinsam haben.

(Demnach stehen die letzteren auch durchaus nicht in direktem Gegensatz zum Willen der deutschen Gesetzgeber!)

Unter dem Walten genannter Organisationsmitglieder entstanden in deren Blättern auch jene famosen Sammlungen, welche die Öffentlichkeit über berufliche und außerberufliche Vergehen von Angehörigen des über 30 000 Mitglieder zählenden Ärztestandes unterrichten sollten. Insbesondere tat sich in dieser Beziehung Gerlings „Freie Heilkunst" hervor, ein Blatt des ehemals einflußreichsten, dann aber abgetanen Führers der deutschen Naturheilbewegung; in neuerer Zeit machte sich der mehrerwähnte Präsident des Zentralverbandes für Parität der Heilmethoden bemerkbar. Solche Sammlungen sollten dem deutschen Volke die Minderwertigkeit seines Ärztestandes vorführen. Sie bildeten, nebenbei bemerkt, das Vorbild zu späteren Zusammenstellungen, in welchen Ärzte die zahllosen Abstrafungen der Kurpfuscher der Mit- und Nachwelt aufbewahrten.

Mit diesen und anderen Sammlungen gerichtlicher Ahndungen

von ärztlichen Vergehen statteten die Kurpfuscher auf ihre Weise jenen Ärztevereinigungen den Dank ab, die im Jahre 1869 für die Kurierfreiheit im Deutschen Reiche eingetreten waren.

Vor 100 Jahren wurden von Amts wegen die Schädigungen der Kurpfuscher dem Volke öffentlich bekanntgegeben, um die Gefährlichkeit der Kontravenienten darzutun. Am Ende des 20. Jahrhunderts aber konnten sich's die Kurpfuscher leisten, daß sie in den Zeitungen breittraten, ob da und dort ein Arzt sich eine Verfehlung hatte zuschulden kommen lassen. Alles wurde pünktlich gesammelt und mit „namentlicher Bezeichnung der Verurteilten" veröffentlicht. Als ob damit gegen die Richtigkeit des **Prinzips:** Wer arzten will, soll sein Studium machen und seine Kenntnisse beweisen, irgend etwas gesagt wäre! Derartige Sammlungen wurden bis in die Zeit des jetzigen Krieges hinein fortgesetzt, ja auch den Militärbehörden vorgelegt, jedenfalls, um sie von den durch Deutschlands Ärzte auch im Kriege angerichteten angeblichen Schaden zu unterrichten. Zu diesem Zwecke mußten sogar die humoristische Menükarte und Kneipzeitung zweier ärztlicher Gesellschaften herhalten, deren lediglich für Ärzte berechneten Späße und Ironien zu widrigen, öffentliches Ärgernis erregenden Schamlosigkeiten aufgebauscht wurden. Vielleicht wird daraus auch noch eines Tages ein gesetzliches Verbot ärztlicher Tätigkeit durch das organisierte Kurpfuschertum abgeleitet!

Deutsche Behörden gegen die Kurpfuscherei.

Es würde zu weit führen, alles hier wiederzugeben, was an Arbeit seitens der Behörden infolge Freigabe der Kurpfuscherei ersonnen und geleistet werden mußte, um den gröbsten Schäden entgegenzutreten, ein fast vergebliches Bemühen, wie gleich gesagt sein darf!

Nur einige besonders wichtige Punkte aus neuerer Zeit: Am 18. März 1902 wurde namens der Regierung im Preußischen Abgeordnetenhause die Erklärung abgegeben: Der Kultusminister habe sich bereits mit dem Reichskanzler in Verbindung gesetzt, damit durch eine Erweiterung des § 35 R. G. O. Kurpfuschern der Gewerbebetrieb wegen Unzuverlässigkeit untersagt werden könnte[6]).

Am 28. Juni 1902 verfügte der preußische Kultusminister die Überwachung der nichtapprobierten Heilgewerbetreibenden durch die Kreisärzte: Mit Rücksicht auf die empfindlichen Schädigungen, welche den Menschen durch das Treiben der Kurpfuscher an Vermögen und Gesundheit vielfach zugefügt werden, sei der marktschreierischen öffentlichen Anpreisung der Berufstätigkeit der Kurpfuscher entgegenzutreten. Unter diese Anpreisungen wurden solche einbezogen, welche über Vorbildung, Befähigung oder Erfolge der Kurpfuscher zur Täuschung geeignet sind oder prahlerische Besprechungen enthalten; ferner wurde die öffentliche Ankündigung von Gegenständen, Vorrichtungen, Verfahren oder Mitteln, die zur Verhinderung, Linderung oder Heilung von Krankheiten bestimmt sind, verboten, wenn über den wahren Wert hinausgehende Wirkungen angerühmt, die Leute durch die Art der Anpreisungen irregeführt bzw. belästigt werden oder wenn schließlich diese Gegenstände, Vorrichtungen, Verfahren oder Mittel ihrer Beschaffenheit nach geeignet wären, Gesundheitsschädigungen hervorzurufen[7]).

Im Sanitätsbericht der preußischen Medizinalverwaltung auf das Jahr 1913[8]) wird andauernd das Anwachsen der Zahl jener Personen sichergestellt, die ohne Approbation Kranke gewerbsmäßig behandeln; unter diesen Personen fänden sich auch vielfach Leute mit der zweifelhaftesten Vergangenheit, welche schon wegen der verschiedensten Delikte mit dem Strafgesetze in Konflikt geraten waren; an die Verurteilungen wegen Gesundheitsschädigungen reihten sich häufig Bestrafungen wegen Führung ärztlicher Titel, Abgabe von Heilmitteln und Ausübung der Heilkunde im Umherziehen.

Derselbe Sanitätsbericht auf das Jahr 1902 meint: Die Ausübung der Heilkunde ohne Approbation ist jedenfalls ein sehr zweifelhaftes Gewerbe und muß geradezu als höchst bedenklich erscheinen, wenn man die außerordentlich **große Zahl** von **Bestrafungen** der Kurpfuscher in Betracht zieht, **wie das bei keinem anderen, ehrlichen Gewerbe der Fall ist.** Von 4104 Personen, die ohne Approbation die gewerbsmäßige Heilkunde ausübten, hätten 464, mehr als 11%, Bestrafungen erlitten ... Dabei sei zu berücksichtigen, daß manche Bezirksberichte die Bestrafungen der Kurpfuscher gar nicht erwähnen, daß daher die oben angegebene Zahl nicht unbedeutend hinter der Wirklichkeit zurückbleiben dürfte. In einigen Kreisarztbezirken von Berlin entfiel auf 4 und 3 Kurpfuscher schon ein Bestrafter, d. h. 25—33%! Eine Zusammenstellung über die Mitglieder des Zentralverbandes für Parität der Heilmethoden ergab[4]): Von den beiläufig 390 in diesem Verband zusammengeschlossenen Heilkundigen waren bestraft: wegen fahrlässiger Körperverletzung einmal 28, wiederholt 3 Mitglieder; wegen fahrlässiger Tötung einmal 4, wiederholt 3 Mitglieder; wegen ehrenrühriger Handlungen 10 und unlauteren Wettbewerbs 8 Mitglieder. Außerdem war in den Jahren 1910—1912 das Verfahren in 47 Fällen eröffnet worden. In Köln zogen sich 20 Mitglieder des Verbandes = 72% Anklagen wegen fahrlässiger Körperverletzung mit oder ohne tödlichen Ausgang, wegen prahlerischer Reklame u. ä. zu. Diese Zahlen gelten von einem Verbande, der auf dem Titel seines Zentralblattes jedesmal hervorhebt: Mitglied kann jede im Besitze der bürgerlichen Ehrenrechte befindliche Person werden. Derselbe Verband empfahl den Gerichten seine Mitglieder für die Sachverständigentätigkeit.

Der 35. Jahresbericht des Königl. Sächs. Landesmedizinalkollegiums über das Medizinalwesen 1913[9]) enthält Äußerungen über die Erfahrungen, welche der Leipziger Stadtbezirksarzt mit der Ministerialverordnung vom 14. Juli 1903 betr. die Ausübung der Heilkunde durch nichtapprobierte Personen gemacht hatte, der u. a. besagt: Es gäbe nur ein sicheres Verfahren gegen die Kurpfuscher, nämlich ein vollständiges Verbot der Reklame und Anzeigen überhaupt; hierdurch würde der Schaden auf das geringste Maß, das die jetzige Gesetzgebung zuließe, eingeschränkt werden; weiter wäre ein Verbot der nicht öffentlich betriebenen Propaganda für kurpfuscherische Broschüren und Anzeigen am Platze; anzustreben wäre ferner ein Verbot der von Laien mit viel Reklame angepriesenen Heilmethoden des Magnetismus und der Suggestion.

Im „Gesundheitswesen des preußischen Staates im Jahre 1906 und 1907" heißt es, daß bei mehr als drei Viertel der preußischen Kurpfuscher die allgemeine Bildung nur im Volksschulunterrichte bestehe. Jene Sorte von Krankenbehandlern, welche mit Hypnose, Suggestion, Magnetismus oder ähnlichen Verfahren arbeiten, sind fast durchweg von Haus aus wenig gebildete Personen, meist aus dem Arbeiter- oder kleinen Handwerkerstande; bei den meisten könne von einer Vorbildung zum Heilberuf nicht die Rede sein; sie behaupten, die „magnetische Kraft" oder etwas Ähnliches in sich entdeckt zu haben und fühlen sich verpflichtet, hiermit, gegen Entgelt, ihren Mitmenschen Hilfe zu leisten. Manche haben ein abenteuerliches Leben hinter sich und sind sichtlich geisteskrank; 39 werden als vorbestraft gemeldet, und zwar einige sogar mit längeren Zuchthausstrafen wegen Mordversuchs, Diebstahls, Urkundenfälschung, vorsätzlicher Körperverletzung, Betteln usw. In Berlin und Frankfurt a. d. O. bilden zwei besonders erheblich vorbestrafte Kurpfuscher andere Personen als „Magnetopathen" aus.

Der preußische Minister des Innern gab am 10. November 1914 einen Erlaß[10]) heraus in dem es u. a. heißt: „Es besteht ein dringendes gesundheitspolizeiliches Interesse, das Publikum nicht im Zweifel darüber zu lassen, ob der Heilkundige ein approbierter Arzt oder ein Kurpfuscher ist. Daß das Treiben der Kurpfuscherei eine Gefahr für die Volksgesundheit im allgemeinen bedeutet, liegt auf der Hand. Besonders groß wird diese Gefahr für denjenigen, der sich der Behandlung einer Person anvertraut, die er irrtümlich für einen approbierten Arzt hält. Nur eine scharfe Kontrolle der Heilkundigen vermag der in dieser Hinsicht bestehenden Gefahr zu begegnen. Die auf ministerielle Veranlassung schon vor Jahren erfolgte amtliche Umfrage der preußischen Ärztekammern habe eine Fülle gerichtlich nachweisbarer schwerster Gesundheitsschädigungen und von Fällen fahrlässiger Tötung festgestellt.

Solche Gesundheitsschädigungen durch falsche kurpfuscherische Behandlung haben auch außerdem oft noch schwere finanzielle Schädigungen für staatliche Organisationen im Gefolge, wie beispielsweise diesbezügliche Zusammenstellungen der staatlichen Unfall-Berufsgenossenschaften dartun, da ja z. B. ein falsch zusammengeheilter Knochenbruch oder nicht richtig eingerenkter Arm die Erwerbsfähigkeit des Betroffenen hindern und die Krankenkassen schwer belasten.

Eine sehr schwerwiegende Stellungnahme erfolgte bei einer Versammlung im Reichsversicherungsamt (1916) anläßlich der Beratungen der Landesversicherungsanstalten, des Reichsgesundheitsamtes, der Militärbehörden usw. über die Frage der Bekämpfung der Geschlechtskrankheiten in und nach dem Kriege. Man kam einstimmig zu dem Beschlusse, daß eine Fortführung der im Kriege erprobten Maßnahmen der stellvertretenden Generalkommandos zu empfehlen sei, und ebenso ein allgemeines Kurpfuschereiverbot im Interesse der Volksgesundheit liege.

Die Zahl der Kurpfuscher.

Unter dem Schutze der Kurierfreiheit hat das deutsche Kurpfuschertum an Zahl außerordentlich zugenommen. Laut einer Zusammenstellung des Berliner Polizeipräsidiums ist die Zahl der gewerbsmäßigen Kurpfuscher Berlins vom Jahre 1879—1903 um 3518% gestiegen, indes die Einwohnerzahl in der gleichen Zeit um 120% zunahm; im Jahre 1878 gab es 28, im Jahre 1903 aber 1013 Kurpfuscher. Eine Zählung in Preußen im Jahre 1897 ergab 2404 Kurpfuscher; im Jahre 1903 5148. In Bayern überwog im Jahre 1879 die Zahl der Kurpfuscher die der Ärzte; im Jahre 1894 gab es daselbst 1168 Kurpfuscher. In Württemberg wuchs von 1875—1890 die Bevölkerung um 7,9%, die Ärzteschaft um 28,2%, die Zahl der Kurpfuscher um 254,4%. Im Königreich Sachsen stieg diese Zahl von 323 im Jahre 1874 auf 1001 im Jahre 1903. Die Zahl der Kurpfuscher betrug zufolge einer am 1. Mai 1909 im Deutschen Reiche vorgenommenen Zählung 4468 gegen 3059 im Jahre 1908. Die Menge der Kurpfuscher, welche sich berufsmäßig mit der Behandlung kranker Menschen befassen, ist also erheblich gestiegen. Die Zahlen der Regierungsvorlage über die Kurpfuscher im Deutschen Reich sind seitens der Kurpfuscherorganisation (Zentralverband für Parität der Heilmethoden) als übertrieben hingestellt worden. In einer auftragsgemäß ausgearbeiteten Schrift hatte Dr. Krüger die Zahl 4414 als viel zu hoch bezeichnet. Es gäbe nur 742 der drei verbreitetsten nichtapprobierten Heilmethoden. Auf eine Anfrage des M. d. R. Dr. Struve gab das Reichsamt des Innern die Auskunft[11]), daß die Zahl der nichtapprobierten Heilkünstler — nach Abzug im Auslande approbierter Ärzte und Ärztinnen —

am 1. Mai 1909 in Deutschland insgesamt 4414 betrug. Diese Zahl sei eher als zu niedrig gefunden anzusehen.

Dagegen ist es von Interesse, daß die Zahl der Kurpfuscher, welche sich lediglich auf das kranke Vieh loslassen, von 1256 auf 777 gefallen ist. „Die Werte des Rindviehes und des Schweines dem Kurpfuscher auszusetzen, hat man in erheblicher Weise aufgegeben. Die Zahlen zeigen, ganz besonders im Hinblick auf die gesteigerte Viehzucht im Reiche, daß das gebildete deutsche Volk, das dem Gängelbande eines Kurpfuschereiverbotes schon 1869 entwachsen war, heute nach weiteren vier Jahrzehnten stürmischer Kulturentwicklung entweder das Wohl und Wehe seiner Rinder höher schätzt als das seiner Kinder oder daß es für die Behandlung des kranken Kulturmenschen weniger Aus- bildung und Wissen für notwendig hält als für die Betreuung des lieben Kulturviehs.“

Rechtsprechung und Kurpfuscherei.

Die Ärzte sind indes mit ihrem Widerspruch gegen die Kur- pfuscherei und ihre Schäden nicht allein geblieben. Bedeutende Juristen haben sich in wissenschaftlichem und zahlreiche Gerichte in gleichem Sinne geäußert. So sei vor allem auf die grundlegende Arbeit von Graack[12]) verwiesen.

Aus neuerer Zeit seien nur zwei Autoren angeführt: Sehr bemerkenswert ist nachstehende Äußerung, aus einem längeren Artikel des Bonner Landrichters Kraft in den „Preuß. Jahrb.“ (1913): „Der dem Deutschen Reichstage vorgelegte Entwurf eines Gesetzes gegen die Mißstände im Heilgewerbe fand den Wieder- spruch der beteiligten Berufsstände der Heilgewerbetreibenden: der Presse, der Fabrikanten chemisch-pharmazeutischer Präparate und Drogisten. Dazu kamen Erwägungen grundsätzlicher Art, die, dem damaligen Zug der Zeit folgend, einer übermäßigen Einschätzung der Naturheilkunde entsprangen und in der beabsichtigten Ein- schränkung der Kurierfreiheit einen Eingriff sahen in das Per- sönlichkeitsrecht des einzelnen, der sich behandeln lassen könne, wo er wolle. Andere Nationen, die kühler und verstandesmäßiger denken, betrachten die Frage von ganz anderen Gesichtspunkten aus, nämlich von dem allein maßgebenden Gesichtspunkt der Volksgesundheit und des Volkswohlstandes. Auch

Frankreich hatte als Errungenschaft der Revolution 1792 die Kurierfreiheit; schon nach 10 Jahren sah es sich genötigt, sie wieder aufzuheben.

Kraft zitiert in seiner Arbeit folgenden treffenden Satz Prof. Kossmanns: Befähigungsnachweise abschaffen, nur damit jedermann das Recht hat, sich von Schwimmlehrern unterrichten zu lassen, die nicht schwimmen können, von Dorfkutschern fahren zu lassen, die kein Pferd lenken können, Dampfer zu benützen, die von einem Barbier gefeuert werden, hieße die Satzungen des geordneten Staatswesens für eine Phrase hingeben und jene Freiheit herbeiwünschen, die nur bei wilden Völkerschaften existiert.

Landgerichtsrat Dr. Marcus-Berlin erachtet[13]) die Beseitigung der Kurierfreiheit für einen notwendigen Schutz der Schwachen und Urteilsunfähigen. Die staatliche Repressivtätigkeit sei zu entwickeln gegen ein als schädlich erwiesenes, unberufenes Unternehmen, das im Gewande einer grundlos angepriesenen Legitimation Menschen kurieren will und sich zu einem wirtschaftlichen Parasiten ausgebildet habe. Die Freunde der Kurierfreiheit litten an atavistischen Ideen des Manchesterliberalismus, an Aberglauben und an rückständigem Urteil über die Grenzen der staatlichen Spezialfürsorge. Die Frage der Beseitigung der Kurierfreiheit spiele in der Fachliteratur nach wie vor eine große Rolle und dürfe nicht von der Bildfläche verschwinden, bis sie zur befriedigenden gesetzlichen Lösung gelangt sei.

Die Rechtsprechung läßt bei allen Bemühungen immer wieder die Unzulänglichkeit der bestehenden Gesetze zur Eindämmung des Übels klar erkennen trotz wiederholter Verbesserungen, teils in den Gesetzen, teils in den maßgebenden Ansichten des Reichsgerichts. Gegen die immer zahlreicher werdenden Mißstände konnte anfangs nur dann gerichtlich vorgegangen werden (§ 147, 3. G.-O.), wenn sich die Kurpfuscher arztähnliche Titel beigelegt hatten, um sich das Ansehen als berechtigte Medizinalperson zu verschaffen[14]), wie: Naturarzt, Operateur, Magnetopath, Homöopath, ärztlich geprüfter Homöopath, Hydropath, praktischer Naturheilkundiger, im Ausland approbiert, Dr., Direktor, Spezialist für Nerven- und Frauenleiden, praktischer Vertreter der Naturheilkunde, praktischer Heilmagnetiseur, Suggesteur, Physiologe und ärztlich geprüfter Heilmagnetiseur, Naturärztliche Sprechstunde, Klinik, Poliklinik, praktischer Arzt de Natura, Professor, in Amerika registrierter Arzt, operativer Assistent, Mechanotherapeuth, Physiotherapeuth, Biologe u. a.

Diese Vorschrift, die den Titel Arzt oder eine ähnliche Bezeichnung zu führen verbietet, ist aber wenig wirksam wegen des geringen Strafausmaßes (Geldstrafe bis 300 M. oder Haft bis zu sechs Wochen), und weil auch ohne arztähnlichen Titel es durch Reklame leicht gelingt, eine Schar von Kunden und Anhängern zu gewinnen.

Gegenüber der eigentlichen Gemeingefährlichkeit der Kurpfuscherei, gegenüber zahlreichen Betrügereien und Gesundheitsschädigungen bzw. Todesfällen war ein Vorgehen lange Zeit fast aussichtslos, weil eben besondere Bestimmungen selbst da fehlten, wo das Rechtsgefühl jedes ehrlich Denkenden eine Ahndung erfordert hätte. Wie oft teilte das entscheidende Gericht die Ansicht der Öffentlichkeit, daß ein grober Schwindel vorliege, und konnte trotzdem nicht zur Verurteilung kommen, da dem Kurpfuscher nicht nachzuweisen war, daß er das Bewußtsein von der Unrichtigkeit seiner Anpreisungen, der Rechtswidrigkeit der angestrebten Bereicherung bzw. die Erkenntnis der Folgen der Behandlung besaß! Gerade die ungebildetsten und gefährlichsten Kurpfuscher konnten sich gegen Anklagen wegen fahrlässiger Tötung erfolgreich damit verteidigen, sie hätten bei ihrem Bildungsgrade die Gefährlichkeit der von ihnen angewandten Behandlung nicht vorhersehen können.

Am 23. Januar 1901 begann gegen den Naturheilkundigen Louis Kuhne in Leipzig vor dem dortigen Landgericht ein Betrugsprozeß. Der von der Verteidigung geführte Sachverständige Dr. Lahmann - Dresden (Weißer Hirsch) kennzeichnete die Kuhnesche Behandlungsmethode als skandalös und schädlich. Geheimrat Prof. Flechsig erklärte die Kuhneschen Reibesitzbäder geeignet zu hochgradigen sexuellen Irritationen. Der Sachverständige Freudenberg hielt das Kuhnesche Verfahren für unzulässig, gewissenlos und gemeingefährlich. Kuhne wurde trotzdem freigesprochen, weil das Gericht es nicht für ausgeschlossen hielt, daß er an die Wirksamkeit seiner Heilmethode geglaubt habe; es sei allerdings ein Bild produziert worden, das Kuhne bei seinen verschiedenen Reklamen verwendete, und das nach der Unterschrift einen Knaben vor und nach einvierteljähriger Behandlung zeigen sollte, indes beide Bilder tatsächlich an einem und demselben Tage aufgenommen worden sind; aber dieser Fall, der zur Verurteilung geeignet war, sei nicht Gegenstand eines staatsanwaltschaftlichen Antrages gewesen; im übrigen wäre Kuhne nach seiner ganzen Vorbildung nicht befähigt, Krankheiten zu erkennen, noch sie zu behandeln; obgleich also seine Behandlungsweise geradezu gewissenlos gewesen sei, da er dieselben Vorschriften gegeben habe, ob es sich um jung oder alt, um Stimmritzenkrampf oder Lungenschwindsucht handelte, habe seine Verurteilung nicht erfolgen können.

Im Oktober 1909 wurde gegen den evangel. Pastor und Heilkundigen Emanuel Felke, der sich riesigen Zuspruchs erfreute, obgleich er nicht minder wahl- und kritiklos als Kuhne, dessen Reibesitzbäder er weiterkultiviert, seine Therapie und Augendiagnose anwendet, der Freispruch u. a. damit begründet, er habe zwar bei dem Kranken eine falsche Diagnose gestellt und dessen Tod herbeigeführt; die Augendiagnose könne nicht im geringsten als ein zuverlässiges Hilfsmittel bezeichnet werden; Felke werde aber freigesprochen, weil er vielleicht vermöge seiner besonderen Individualität nicht imstande sei, sich aus eigenen Kräften von der Unzuverlässigkeit seiner Methode zu überzeugen; zu dieser Ansicht sei das Gericht bei dem Bildungsgange und der Stellung Felkes schwer gekommen; sollte ihm seine Methode noch einmal einen Streich spielen, dann dürfe Felke sich nicht mehr auf seinen guten Glauben berufen; das möchten sich auch jene merken, welche die Felkesche Methode ausüben.

Der praktische Arzt Dr. Scharff-Magdeburg erzählt den Fall eines im Jahre 1908 an Diphtherie erkrankt gewesenen Knaben, der nach der Behandlung durch eine kurpfuschende Streichfrau starb. Die vorgeschriebene Meldung an die Ortspolizeibehörde war unterlassen worden, so daß der später zugezogene Arzt bereits die Mutter und drei Geschwister des Verstorbenen ebenfalls an Diphtherie erkrankt vorfand. Die Kurpfuscherin wegen der unterlassenen Meldung einer Bestrafung zuzuführen, wurde bei den bestehenden Gesetzen von vornherein für aussichtslos gehalten. Ein Eingreifen des Staatsanwalts wegen fahrlässiger Tötung unterblieb gleichfalls, weil nach seiner Ansicht bei dem hohen Alter und der geringen Bildungsstufe der Angeschuldigten erhebliche Zweifel darüber bestanden, ob sie die Fähigkeit besessen habe, die Diphtherieerkrankung zu erkennen.

Beim Freispruch einer Vertreterin der Felkeschen Heilmethode vor der Düsseldorfer Strafkammer betonte[15]) der Vorsitzende des Gerichtshofes: man müsse die Freisprechung, die notwendig wurde, da das Fehlen des guten Glaubens nicht zu erweisen war (NB. trotz obiger gerichtlicher Warnung), im Interesse der geschädigten Kranken bedauern; aber das in Aussicht stehende Kurpfuschergesetz werde hier schon Wandel schaffen und eine Krankenbehandlung mit unwirksamen Mitteln ausschließen: der Staat habe einzugreifen, um eine derartige Laienbehandlung zu unterbinden! Eine ebenso richtige Ansicht, als die Prophezeiung irrig war!

Den gerichtlichen Bestrafungen von Kurpfuschern steht auch oft entgegen, daß sich der geschädigte Behandelte selbst nicht darüber klar war oder daß er gar nicht wußte, ob seine Gesundheit beeinträchtigt worden sei. In den Fällen, wo er es wußte, erstattet er meist keine Anzeige, einerseits, weil er sich seiner Urteilsunfähigkeit bei Inanspruchnahme der Kurpfuscher schämt, andererseits, weil er auch die Art seiner Krankheit (z. B. Geschlechtsleiden) nicht durch eine Gerichtsverhandlung zur allgemeinen Kenntnis bringen will.

Noch im Jahre 1893 entschied[16]) das Reichsgericht: „Aus dem Umstande, daß jemand die Heilkunde ohne wissenschaftliche Vorbildung betreibt, dürfe nicht ohne weiteres ein fahrlässiges Handeln gefolgert werden; der Richter habe sich vielmehr die Frage vorzulegen, ob der Beschuldigte nach dem Maße seiner Kenntnisse und nach seiner sonstigen Einsicht und Erfahrung bei Anwendung gehöriger Sorgfalt schädliche Folgen voraussehen konnte, und ob für ihn aus Rücksicht auf die besondere Art des Falles die Verpflichtung vorlag, ärztlichen Rat einzuholen, und ob dann der Schaden vermindert oder eingeschränkt worden wäre.

Jeder Arzt, der bei Gericht als Sachverständiger in Kurpfuscherprozessen gehört wird, weiß, wie schwer selbst in ganz offen zutage liegenden Fällen eine Bestrafung des Angeklagten herbeigeführt werden kann. Bei dem so verwickelten Organismus des Menschen ist es gar nicht so einfach, unumstößlich nachzuweisen, daß zwischen der angewandten Behandlungsweise und der körperlichen Schädigung ein ursächlicher Zusammenhang besteht. Gründe, die dem Arzt zwingend erscheinen, können nicht immer auch im Gerichtssaale überzeugend wirken.

Es hat ziemlich lange gedauert, bis die Rechtsprechung ihren milden Standpunkt gegen die Kurpfuscher verließ. Dies geschah erst durch ein Richtung gebendes Urteil des Reichsgerichtes vom 9. März 1912, das endlich entschied[17]): Schon die Übernahme einer Heilbehandlung kann schuldhaft sein, wenn man mit Rücksicht auf den besonderen Fall sich sagen mußte, daß die zu seiner Behandlung erforderlichen Kenntnisse fehlten; denn wer einen Erwerbsberuf ausübt und das Vertrauen hierauf in Anspruch nimmt, hat die Verpflichtung, die zu seiner Ausübung nötigen Kenntnisse und Fähigkeiten sich anzueignen oder andernfalls die Ausübung zu unterlassen. Die Übernahme der Behandlung ohne Prüfung seiner Fähigkeiten ist als fahrlässig anzusehen.

Zu diesem Rechtsstandpunkt ist das Reichsgericht offenbar aus dem Grunde gelangt, weil es die Notwendigkeit der

Ahndung wenigstens der schwersten Mißstände auf dem Gebiete der Kurierfreiheit einsah.

Weiterhin ist folgende Reichsgerichtsentscheidung bemerkenswert:

„Wer sich in zweckwidriger Weise unter Mißachtung der Regeln der Gesundheitslehre behandeln läßt, begeht kein Unrecht; derjenige aber, der die Krankheit zu heilen unternommen hat, kann sich auf das Selbstbestimmungsrecht des Kranken nicht berufen; er hat die Rechtspflicht, nach dem Maße seiner Kenntnisse und Einsicht alles zu tun, um den Kranken zu heilen; er muß sich zurückziehen, wenn er erkennt, daß seine Mittel keinen Erfolg versprechen. Tut er das nicht und seine Behandlung beschleunigt den Tod des Kranken, dem ärztliche Hilfe das Leben zu verlängern vermocht hätte, so ist er strafbar, obwohl der Behandelte mit der Behandlung einverstanden war. (R.-G. II. 14. April 1916, 54/16.)

Der Standpunkt des Gerichts wäre leichter gewesen und würde noch leichter werden, wenn die seit 1869 immer fühlbarer gewordene Lücke im Gesetze zweckentsprechende Ausfüllung gefunden hätte.

Diese Lücke ist auch die Ursache dafür, daß fast alljährlich im Deutschen Reiche Riesenkurpfuscherprozesse stattfinden, die sowohl wegen ihrer Ausdehnung als auch wegen der Menge inkriminierter Taten und schließlich wegen des geringen Erfolges größtes Aufsehen auf sich ziehen. Kein anderer Kulturstaat hat ähnliche Prozesse aufzuweisen, ein weiterer Beweis, für die Schädigung des Allgemeinwohls durch die Freiheit des Kurpfuschertums.

Der Prozeß gegen Kuhne dauerte mehrere Tage, der gegen Felke zwei volle Wochen; gegen Max Schröter wurde vor dem Landgericht Tilsit im Jahre 1904 wegen 35 Betrugsfällen verhandelt, von denen 20 zur Verurteilung führten.

Das öffentliche Interesse an vorbeugenden Maßnahmen gegen die Kurpfuschereifreiheit.

Eine weise Beschränkung der im Jahre 1869 geschaffenen, im Jahre 1876 durch das Verbot ihrer Ausübung im Umherziehen grundsätzlich schon durchbrochenen Kurierfreiheit würde beweisen, daß das deutsche Volk sein größtes Kulturgut, seine Gesundheit, voll würdigt. Die geistige Höhe, auf der das deutsche Volk steht, wäre noch erhabener, wenn das Kurpfuschertum, das sich jahrelang an der Gesundheit und dem Wohlstande der Allgemeinheit versündigte, in seine Schranken zurückgewiesen würde, die in allen anderen Kulturstaaten bestehen, mit Ausnahme von England, dessen uns jetzt nicht mehr so leuchtendem Vorbild wir die Kurpfuschereifreiheit nachgeahmt haben, wo man übrigens noch vor Beginn des Krieges andere Bahnen einschlug.

Deutscher Auffassung entspricht es, daß nur gründliche Ausbildung gepaart mit nachweisbarer Tüchtigkeit zur Ausübung verantwortungsvoller Tätigkeit berechtigen soll. Wäre dieser Umstand nicht maßgebend, so hätten wir tatsächlich in Deutschland eine auch in dieser schweren Zeit bewährte, selbst von unsern Feinden in ihrer unübertroffenen Tüchtigkeit anerkannte Ärzteschaft nicht.

Der Staat verlangt den Nachweis hoher Vorbildung und gewissenhafte, tüchtige Ausbildung der Medizinstudierenden. In strenger Staatsprüfung ist nicht bloß die wissenschaftliche Durchbildung, sondern auch die praktische Befähigung darzutun von denjenigen, an die das Volk sich vertrauensvoll um Rat in Krankheiten wenden will. Die so ausgerüsteten und überdies noch durch einen feierlichen Doktoreid verpflichteten Ärzte kann man mit Beruhigung ihrem schweren Berufe zuführen und sie den Weg wählen lassen, den sie für ihren Kranken am gangbarsten halten. Nicht mit Heilmethoden, sondern mit gut geschulten Ärzten hilft man dem Volke.

In der Wahl seiner Heilmethode darf kein gewissenhafter Arzt beschränkt werden. So wird auch jeder Kranke nach seiner Fasson heil werden können.

Die Befürworter der Kurierfreiheit halten den Gegnern öfters vor, daß Ärzte, welche in ihrer Heiltätigkeit einen eigenen, von dem der Berufsgenossen gesonderten Weg gehen, durch letztere verfolgt worden wären; Volk und Laien hätten erst durch ihren Anhang zum Erfolg verholfen. Dem ist entgegenzuhalten, daß wohl in allen Berufsständen jene ihrer Angehörigen nicht selten mit einer erklärlichen Gegnerschaft zu rechnen haben, die andere Wege wandelten. Das hängt mit dem an sich gesunden Mißtrauen zusammen, das dem Glauben an die Richtigkeit von Neuerungen eine eingehende Prüfung vorausgeschickt wissen will. Im übrigen ist es gerade ein Zeichen des Genies, sich durchzuringen, und echte Tatkraft, die Stütze jedes menschlichen Erfolges, wird dies auch immer vermögen.

So wirkte Thure-Brandt (vgl. S. 23) in einem Lande, in dem ein gesetzliches Kurpfuschereiverbot besteht. Österreich erachtet in seinem § 343 St.-G. das kurpfuscherische Handwerk als ein unehrliches. Unter den nichtärztlichen Größen mit besonderen Leistungen auf dem Gebiete der Krankenbehandlung werden von den Freunden der Kurierfreiheit stets angeführt: Prießnitz, Schrot, Rikli — sie waren Österreicher, bzw. haben sie sich in Österreich durchgesetzt!

Sache des Staates ist es, dem richtigen Talente die Wege nach Möglichkeit zu ebenen, zum mindesten aber nicht ohne Not verlegen zu lassen. Keine gesetzliche Bestimmung bereitet im Deutschen Reiche einem Arzte ein Hindernis, wenn er abseits von den Berufsgenossen seiner ehrlichen Überzeugung folgen und auf Grund derselben Kranken helfen will. Die Standesordnungen der Ärzte, die sie sich selbst oder die ihnen die Regierungen gegeben haben, betonen außerdem mit größter Bestimmtheit, daß Äußerungen politischer Gesinnung, der Religion oder medizinischen Überzeugung erhaben über die Rechtsprechung ärztlicher Ehrengerichte seien.

Diese Standesordnungen sind stets eingehalten worden, eine Tatsache, an welcher der Umstand nichts ändern kann, daß irgendwo im Reiche einmal ein Ärzteverein einen Ausschuß eingesetzt hat, der das Wesen und Treiben der Homöopathie zu prüfen hätte. Die Vornahme einer solchen Prüfung ist einerseits nicht ungesetzlich, andererseits kein Beweis für die Notwendigkeit der Kurpfuschereifreiheit. Nur wo die „medizinische Überzeugung" zur Reklame für einen Geschäftsbetrieb, also zur finanziellen Ausbeutung des Volkes benutzt wird, da allerdings schreitet man ein — und es ist höchstens ein Zeichen, daß man eben auch „zünftigen" Unwürdigen nichts durch die Finger sieht, daß man nicht „den Raben gleich keinem anderen Raben die Augen aushackt".

Wie aber soll sich der Staat gegenüber der Kurpfuscherei und dem Heilschwindel verhalten? Wie steht es in dieser Beziehung in anderen Staaten? Ein Kurpfuschereiverbot besteht in Österreich, Ungarn, Frankreich, Rußland, Italien, Schweiz (ausgenommen Appenzell und Glarus), Luxemburg, Belgien, Holland, Schweden, Norwegen, Rumänien, Serbien, Türkei, Griechenland, den Vereinigten Staaten von Amerika, Brasilien, China und Japan. Höchstwahrscheinlich gelten auch Kurpfuschereiverbote in Spanien, Portugal, Dänemark und Bulgarien. Kein Kurpfuschereiverbot hatte England bis kurz vor dem Kriege.

Im allgemeinen sind solche staatliche Vorbeugungsmaßnahmen gegen die Kurpfuscherei im öffentlichen Interesse gerechtfertigt:

1. durch die nahe Möglichkeit und begründete Besorgnis, daß falsche Behandlung oder Fernhaltung ärztlicher Behandlung Gesundheitsschädigungen herbeiführen;

2. dadurch, daß ansteckende Krankheiten (insbesondere Geschlechtskrankheiten) nicht oder nicht rechtzeitig erkannt, der Kranke auf die Übertragbarkeit seines Leidens oder die richtigen Mittel zur Vermeidung nicht aufmerksam gemacht, die Behörde von dem Einzelfalle nicht in Kenntnis gesetzt und die Weiterverbreitung der Seuche nicht verhindert wird; daß somit Epidemien heraufbeschworen und insbesondere in Kriegszeiten Heer, Marine und Zivilbevölkerung gefährdet werden;

3. dadurch, daß in Wort und Schrift die Anordnungen der Behörden auf gesundheitlichem Gebiete angefochten, das Vertrauen zu ihnen und zu den Ärzten im Volke untergraben und dieses daher mittelbar in seiner Gesundheit geschädigt wird;

4. damit der Kurpfuscher nicht erst dann in seiner Tätigkeit beschränkt wird, nachdem er Schaden angerichtet hat, sondern damit durch vorbeugend wirkende Bestimmungen Unheil vermieden wird.

Die staatlichen Maßnahmen werden zu einer besonderen Notwendigkeit:

1. **Bei allen Seuchen.** Die Kurpfuscher, als Gegner der wissenschaftlichen Heilkunde, bekämpfen deren Lehren und leugnen daher die Ansteckungsfähigkeit vieler Seuchen oder schreiben sie falschen Ursachen zu (Impfung!). Daraus ergibt sich mit Notwendigkeit ihre Stellungnahme bei Epidemien (insbesondere auch die maßlose Agitation gegen jegliche Art von Impfungen). In bezug auf die Tuberkulose bekämpfen die Kurpfuscher und ihr Anhang den Zusammenhang dieser Volksseuche mit den Entdeckungen Robert Kochs. Was nützen alle sonst vielleicht ganz gut gemeinten Volksaufklärungsversuche zur Verhütung der Tuberkulose, wenn sie nicht im Einklange stehen mit den wissenschaftlichen Forschungen, und wenn sie die Gefährlichkeit des Hustenauswurfs Lungenkranker leugnen! (S. auch S. 34.)

2. **Bei Geschlechtskrankheiten.** Fast alle maßgebenden Körperschaften im Reiche haben sich infolge der durch den Krieg ge-

machten Erfahrungen zusammengetan, um der Ausbreitung geschlechtlicher Erkrankungen unter den Soldaten und in der Bevölkerung entgegenzuwirken. Sämtliche geplanten Maßnahmen wären durchkreuzt, wenn das Kurpfuschertum nach wie vor mit allen Mitteln der Reklame, der Herabsetzung ärztlichen Könnens, mit allen Gefahren seiner Unkenntnis und Unzulänglichkeit sich auf das Volk, auf die aus dem Heeresverbande scheidenden Geschlechtskranken stürzen könnte.

Es wird bemängelt, daß Haut- und Geschlechtskrankheiten nicht als Pflichtfach bei ärztlichen Staatsprüfungen eingeführt sind; die mangelhafte Durchbildung des deutschen Arztes wird daher von gegnerischer Seite als Ursache dafür angeführt, daß die Geschlechtskranken mit Vorliebe Laien-Heilkundige aufsuchten.

Es soll durchaus nicht geleugnet werden, daß den angehenden Ärzten künftighin mehr als bisher auf den Universitäten Gelegenheit geboten werden sollte, Geschlechtskrankheiten zu studieren. Der Mangel an spezialistischer Vorbildung mag eine gewisse Anzahl deutscher Ärzte betreffen. Ihnen steht aber die weit überwiegende Zahl Ärzte gegenüber, welche während der Studienzeit, noch mehr aber während der Zeit ihrer späteren praktischen Ausbildung in Krankenhäusern, Kursen usw. sich hinlänglich Kenntnisse zum Erkennen, Verhüten und Behandeln geschlechtlicher Erkrankungen sammeln konnten. Nicht umsonst haben auf diesem Gebiete der wissenschaftlichen Medizin gerade Angehörige des deutschen Ärztestandes (Neißer, Ehrlich u. a.) wirklich epochemachende Entdeckungen zutage gefördert. Im übrigen sind in letzter Zeit beherzigenswerte Vorschläge erstattet worden, die den im Kriege so bedeutungsvoll gewordenen Geschlechtskrankheiten im Lehrplan der Universitäten einen breiteren Raum zugestanden wissen wollen.

Besonders eigentümlich berührt aber, daß besagter Vorwurf geringer medizinischer Schulung von Heilgewerblern erhoben wird, welche **überhaupt keine ärztliche** Ausbildung genossen haben! Wenn wirklich Mangel an intensivem Unterricht auf dem Gebiete der Geschlechtskrankheiten herrscht, so ist ihm auf den Universitäten, in Krankenhäusern, in Kursen abzuhelfen, wo Ärzte aus- und fortgebildet werden, nicht aber dadurch, daß man die Heilbehandlung auch dem freigibt, der für sie keinerlei gesetzlich erbrachten Befähigungsnachweis besitzt und daher auf Grund ärztlicher Unbildung Behandlung treiben will gerade bei Krankheiten, deren sichere Erkennung und sachgemäße Behandlung selbst Ärzten schwierig sein soll! Wenn tatsächlich Geschlechtskranke den Kurpfuscher häufiger als den Arzt aufsuchen sollten, dann ist das vor allem in der schrankenlosen Marktschreierei begründet, die bisher gestattet war! Mit einer Unzahl von Riesenankündigungen in den Zeitungen, mit einer wahren Flut von „Aufklärungsschriften", mit den schwersten Anschuldigungen und Verunglimpfungen der Methoden und Mittel der „Schulmedizin" (man denke an die Verketzerung des Quecksilbers, Jods, Salvarsans) hat sich das Kurpfuschertum auf das deutsche Volk gestürzt und hat ihm durch alle erdenklichen volltönenden, aber unerfüllbaren Versprechungen ein schier undruchdringliches Reklamenetz über den Kopf geworfen. Der Kurpfuscher kennt ganz gut die jedem anständigen Menschen innewohnende Scheu vor Offenbarung seiner geschlechtlichen Verhältnisse. Diese Scheu, die die unglücklichen Geschlechtskranken haben, ist es, die das Kurpfuschertum in raffiniertester Weise benützt, um sich Kunden zuzuführen.

Darum wehrt sich das Kurpfuschertum gegen nichts so sehr, als daß ihm auf diesem seinem Reklamegebiete Schranken gesetzt werden. Weiß es doch, daß kein anständiger Arzt mit öffentlichen Anpreisungen auf Kundengewinn ausgeht, daß also den Kurpfuschern fast ganz allein dieses dankbarste Feld ergiebigster Reklame zu beackern überlassen ist. Wer die Macht moderner Reklame kennt, wer weiß, wie meisterhaft und skrupellos sie das Kurpfuschertum anwenden kann und darf, der wird sich über seinen Zulauf von Geschlechtskranken nicht wundern. Das bedarf keines Beweises. Aber völlig unbewiesen ist die Behauptung, daß dieser Zulauf seinen Grund in den kurpfuscherischen Heilerfolgen besitze. Mit dem Zulauf allein sind diese nicht erwiesen! Und einen anderen annehmbaren Beweis — von streng wissenschaftlichem gar nicht zu reden — hat das Kurpfuschertum nicht zur Hand.

Dankbar ist das Gebiet der Geschlechtskrankheiten für den Kurpfuscher auch noch aus einem anderen Grunde: Hütet sich schon sonst ein Kranker, die ihm vom Kurpfuscher zugefügte Schädigung offen zu bekennen, so wird diese Scheu geradezu ängstlich gewahrt, wenn es sich um Geschlechtskrankheiten handelt. Bei keiner anderen Krankheit ist der Kurpfuscher so sicher, daß ihn keine Anzeige mit dem Staatsanwalte in Berührung bringen kann.

Die Erkenntnis der Gefahr des Kurpfuschertums gerade auf diesem Gebiete war es, die die Vorsitzenden der Versicherungsanstalten des Deutschen Reiches am 14. Dezember 1915 in ihrer Versammlung in Berlin, bei der auch das Kaiserliche Gesundheitsamt und die Preußische Militärmedizinalabteilung vertreten waren, gelegentlich der Besprechung über die Errichtung von Beratungsstellen für Geschlechtskranke zu der einstimmigen Entschließung veranlaßte, ein Verbot der während des Krieges noch angewachsenen Kurpfuscherei zu fordern.

3. **Bei Frauenkrankheiten.** Die sittliche Gefahr, in die jene Frauen sich begeben, die sich Kurpfuschern anvertrauen, ist schon darum eine große, weil unter letzteren vielfach Menschen mit stark bemakeltem Vorleben gewerbsmäßig arbeiten. Noch größer wird diese Gefahr im Hinblick auf die Tatsache, daß das Kurpfuschertum zum Teil die Bevölkerungsabnahme mit verschuldet hat.

Diesbezüglich sei auf den Anhang verwiesen. Die gerade in gegenwärtiger Zeit so unendlich wichtige Frage, wie die Geburtenhäufigkeit im Volke zu heben sei, kann keine befriedigende Antwort finden, wenn nicht von vorhinein der unheilvolle Einfluß des Kurpfuschertums auf die Herabsetzung der Geburtenzahl nach Möglichkeit beseitigt wird.

Was will es dagegen besagen, wenn die Freunde der Kurierfreiheit einen Laien anführen, den Schweden Thure-Brandt, der gegen eine bestimmte Art von Frauenkrankheiten (Lageanomalie durch Gebärmutterschwäche) seine allerdings auch von Ärzten anerkannte Massagetechnik empfahl!

4. **Bei Krebskrankheiten.** Ein sicheres Heilmittel gegen Krebs zu besitzen, das behauptete und behauptet allezeit die kurpfuscherische Reklame. Sie zog damit jene zahllosen Unglücklichen mit schlauer Berechnung ins Netz, welche, den Tod vor Augen, nach jedem Strohhalm haschen. Wie einflußreich, aber auch wie unheilvoll diese Reklame im Volke wirkt, geht am besten aus den zahlreichen gerichtlichen Abstrafungen von

Kurpfuschern hervor, die Krebskranke an sich gezogen und deren Tod verschuldet haben. Immer und immer werden gerichtliche Urteile bekannt, in denen der Heilkünstler schuldig gesprochen wird, weil durch sein Eingreifen die einzig möglich gewesene ärztliche Hilfe versäumt und der Tod der Kranken fahrlässig herbeigeführt wurde.

Die Zahl dieser bedauernswerten Opfer ist Legion, jeder Arzt kennt sie, jede chirurgische und insbesondere jede Frauenklinik sieht sie sich mehren von Jahr zu Jahr. Vielen Krebskranken ist geholfen worden, wenn sie rechtzeitig eine Operation an sich vornehmen ließen. Die oft durch den Einfluß des Kurpfuschers verschuldete Verspätung des Eingreifens des Chirurgen bzw. Frauenarztes kann dann ein Leben nicht mehr retten, das sonst zu retten gewesen wäre oder dessen Dauer zumindest hätte verlängert werden können. Daß man anderen Methoden sich nicht etwa prinzipiell entgegenstemmt, wie dies den Ärzten mehr oder weniger verblümt vorgehalten wird, beweist das Interesse, das man dem Bestrahlungsverfahren entgegenbringt, mit dessen Auswahl man freilich die nötige Kritik verbinden muß, soll nicht wieder Unheil statt Segen daraus erwachsen. Die freie Wissenschaft, um deren Pflege sich das Deutsche Reich wie kein anderer Staat auf Erden mit Hilfe seiner Hochschulen gewissenhaft und aufopferungsvoll bemüht, ist ferner auch auf dem Gebiete dieses allerbösesten Leidens durch Errichtung von Krebsforschungsinstituten um Fortschritte eifrig bemüht. Und mag auch sonst in der Heilkunde ab und zu ein genialer Laie einen dann auch von Ärzten anerkannten wirklichen Erfolg erzielt haben: gegen die Krebskrankheit einigermaßen wirksam anzukämpfen ist bisher zweifellos nur der wissenschaftlichen Medizin gelungen.

5. **Bei Fernbehandlung.** Selbst sehr energische Freunde der Kurierfreiheit sind davon überzeugt, daß zu einer halbwegs gewissenhaften Krankenbehandlung eine Vorbedingung unbedingt notwendig ist: der Behandelnde muß den Kranken sehen, untersuchen, und sich von der Wirkung der angewandten Mittel und dem Wandel im Krankheitsbilde persönlich überzeugen. Auch das Kurpfuschertum hat seine Abstufungen: höherstehende Methoden, die sich nicht ganz von einer rationellen Heilweise abgewendet haben, und tieferstehende, die lediglich auf Grund einfacher Erfahrungen Ungeschulter und Ungebildeter arbeiten. Auf der tiefsten Stufe steht aber der Heilkünstler oder Heilmittelvertreiber, der sich, ohne den Kranken zu Gesicht zu bekommen, mit der Behandlung von Leiden geschäftsmäßig befaßt. Man würde dem Kurpfuschertum bitter Unrecht tun mit der Behauptung, daß alle seine Jünger

solche Behandlung üben. Das bringt, wie gesagt, nur jener Heilkünstler zuwege, dessen Tiefstand nicht zu unterbieten ist. Dafür ist jenes Kurpfuschertum auch das gefährlichste, das mit riesengroßen Zeitungsankündigungen und unentgeltlich versandten Reklamebroschüren den Leser angst und bange vor allen möglichen Krankheiten macht und schließlich auf Grund von vorgedruckten Fragebogen, sowie auf Grund der in sie eingetragenen Antworten oder einfach auf Bestellung hin, wochen- und monatelang den Kranken „behandelt“, wie das so viele „Institute“ für die X-Behandlung oder die Anpreiser von Y-Heilmitteln gegen Schwindsucht, Frauenleiden, Arterienverkalkung, Nervenzerrüttung, Asthma, Fettleibigkeit, Geschwülsten, Zuckerharnen usw. tun.

Die gewohnheitsmäßige Fernbehandlung gilt natürlich bei den Ärzten als unwissenschaftlich, gewissenlos gegen den Kranken und als standeswidrig. Fernbehandlung ist nur in Notfällen und unter der Voraussetzung gestattet, daß sobald als tunlich der Arzt Gelegenheit nimmt und bekommt, den Kranken zu besichtigen. Auch da ist es ein Unterschied, ob ein geschulter ernster Wissenschaftler oder ein Pfuscher oder gar ein nur an seinem Heilmittelverkauf interessierter Geschäftsmann dem Kranken auf seine Anfragen antwortet oder durch in Dienst gehaltene heruntergekommene Ärzte antworten läßt.

6. **Bei mystischen Heilverfahren.** Hier kommen die sog. übersinnlichen Kräfte zur Anwendung, welche in einem gesundheitlich einwandfrei geordneten Staatswesen nur besonders vertrauenswürdigen und mit dem menschlichen Organismus vertrauten Personen gestattet sein können. Bei der Hypnose und auch bei der Suggestion werden die Kranken gänzlich oder doch teilweise ihres freien Willens beraubt. An dessen Stelle tritt der Wille des Hypnotisierenden bzw. Suggerierenden.

Die sittlichen Gefahren, denen Kranke seitens ungebildeter, moralisch minderwertiger Krankenbehandler ausgesetzt sind, liegen auf der Hand. Hauptsächlich weibliche Personen sind — wie zahlreiche Gerichtsverhandlungen erwiesen haben — auf diese Weise gefährdet worden. Nicht gering ist die Zahl der diesbezüglichen Strafurteile gegen sog. „Magnetopathen“, welche sich gegen ihre Patientinnen bei Vornahme gewisser Streichbewegungen oder unter Ausnützung der gesetzten Willensunselbständigkeit vergangen haben. Die gewerbsmäßige Anwendung dieser übersinnlichen

Kräfte kann nachgewiesenermaßen aber auch direkt gesundheitsschädlich sein dadurch, daß z. B. von Unkundigen vorgenommene und übertriebene Einschläferungen der Kranken zu Nervenleiden führen. Auch wird nur allzuleicht durch Suggestion Unkundiger eine anfangs neurotische Veranlagung zur wirklichen Neurose gesteigert; diese Unglücklichen sind dann in Abhängigkeit von ihren Verderbern ihnen oft lange an Leib und Seele verfallen. Abgesehen davon wird durch länger dauernde Hypnosen und Suggestionen, deren Heilwirkung bei richtiger Verwertung an sich nicht bestritten werden soll und von Ärzten in geeigneten Fällen auch benutzt wird, wenn sie von Laien vorgenommen werden, nicht selten die rechte Zeit zur Einholung ärztlichen Rates versäumt. Diese Schäden sind auch den Behörden nicht unbekannt geblieben, so daß sie die einst so beliebten Schaustellungen mit hypnotischen oder suggestiven Anwendungen untersagt haben. Daß **trotzdem diese „übersinnlichen"** Kräfte zwischen den **verschwiegenen vier Wänden eines jeden beliebigen Krankenbehandlers gewerbsmäßig angewendet werden dürfen,** wo sie für den einzelnen noch mehr Gefahren bieten, steht mit diesen behördlichen Anordnungen nicht im Einklang.

Hier sei auch auf das hierherzurechnende sog. „Gesundbeten" hingewiesen, dessen Gefährlichkeit aufsehenerregende Gerichtsprozesse in den letzten Jahren deutlich gezeigt haben. Von echter Religiosität weit entfernt, wie die Äußerungen kirchlicher Autoritäten dartun, ist die von Amerika nach Deutschland eingeführte Gesundbeterei lediglich ein besonders üppiger und einträglicher Zweig an dem vielästigen Baume der Kurpfuscherei.

7. **Bei Betäubungsmitteln.** Die Anwendung von Betäubungsmitteln erfordert besondere ärztliche Kenntnisse, soll sie nicht dem Kranken zum Unheil gereichen. Ist doch bekannt, daß selbst bei gewissenhaftester Anwendung der Betäubungsmittel Unfälle in Krankenanstalten ab und zu vorkommen. Diese Mittel jedermann zur Anwendung freizugeben, hieße ein schweres Unrecht an der kranken Menschheit begehen, deren Schutz doch Aufgabe eines geordneten Gemeinwesens ist. Außerdem ist der Betäubte gar leicht ganz in die Hand des Betäubenden gegeben.

8. **Bei öffentlichen Anpreisungen.** Bemerkenswert ist ein im Jahre 1902 an die preußischen Oberstaatsanwälte ergangener Erlaß des Justizministeriums, wonach seit der durch die Reichsgewerbeordnung erfolgten Aufhebung des Kurpfuschereiverbots die Kurpfuscherei in einem solchen Maße zugenommen habe, daß ein Einschreiten im öffentlichen Interesse geboten erscheine; insbesondere habe sich ergeben, daß durch

Anpreisung von Heilmitteln und Heilmethoden gegen alle möglichen Krankheiten durch nicht approbierte Personen Auswüchse entstanden sind, denen im Interesse des Publikums entgegengetreten werden muß.

Am 28. Juni 1902 erging denn auch für Preußen durch den vorgenannten Minister eine Verordnung an sämtliche Regierungspräsidenten und den Polizeipräsidenten in Berlin, wonach öffentliche Anzeigen Nichtapprobierter, welche die Heilkunde gewerbsmäßig ausüben, sofern sie über Vorbildung, Befähigung oder Erfolge dieser Personen zu täuschen geeignet sind oder prahlerische Versprechungen enthalten, zu verbieten wären. Weiter wurden Verbotsbestimmungen bei öffentlichen Ankündigungen von Heilmitteln usw. ausgesprochen.

Diese und andere, den deutschen Behörden durch das Treiben der Kurpfuscher aufgenötigten Maßregeln, haben aber, da sie nicht durchgreifend vorgehen konnten und nicht das ganze Reich umfaßten, nicht vermocht, gerade die kühnsten Reklamehelden abzuschrecken. Es ist allgemein bekannt, daß in den letzten Jahren förmliche Pfuscherei-Großbetriebe entstanden sind, die Hunderttausende für Zeitungsankündigungen ausgeben und die paar hundert Mark, welche als Strafe für Ausschreitungen der Reklame zu zahlen waren, ruhig auf das Spesenkonto nahmen. Am Münchener Ärztetage (1913) führte Dr. Bröse - Wilmersdorf-Berlin aus, daß die Kurpfuscher sich nicht nur gegen Haftpflichtansprüche, sondern auch gegen Geldstrafen versichern, die von Gerichten über sie verhängt würden.

Als Reklamemeister taten sich insbesondere englische, französische und amerikanische Unternehmungen hervor, welche sich die ganze deutsche Tagespresse nutzbar zu machen verstanden, um ein vielverzweigtes dichtgewebtes Reklamenetz über die Bevölkerung zu werfen und sie so auszusaugen. Damit wurde letztere geradezu tributpflichtig an Engländer und Franzosen, die sich nicht scheuten, mit Hilfe inländischer „Sitzredakteure" sogar während des jetzigen Krieges ins Trockene zu bringen, was fischensmöglich war.

Leider haben solche Beispiele leichtesten Riesenerwerbs in Deutschland ansteckend gewirkt, und selbst während des Krieges hat die nach diesem Vorbild entstandene Kurpfuscherei auf die ihr so leicht und angenehm zufließenden Einnahmen nicht verzichtet.

Wenn daher die militärischen Behörden in dieser Beziehung nach Kräften eingriffen, so haben sie sich ein großes Verdienst um das allgemeine Volkswohl erworben.

Die Buchführung der Kurpfuscher.

Mit der obenerwähnten Ministerialverordnung vom 28. Juni 1902 ist noch eine Maßnahme eingeführt worden: den Kurpfuschern ist die Führung von Büchern aufgetragen worden, in welche den Medizinalbehörden Einblick zu gestatten war. Diese Verordnung entsprach gleichfalls der Notwendigkeit, im öffentlichen Interesse wirksame Maßregeln gegen das Kurpfuschertum zu ergreifen.

Gegen die Führung der Bücher haben selbst die Heilkünstler nichts einzuwenden; es gefällt ihnen nur nicht, daß den Kreisärzten die Einsichtnahme erlaubt bzw. geboten ist. Seit mehr als 14 Jahren ist die genannte Verordnung in Kraft und der Öffentlichkeit ist nicht ein einziger Fall von Übergriffen der in Betracht kommenden Ärzte zur Kenntnis gelangt. Das will etwas bedeuten!

Man bedenke die Genauigkeit, mit der die Kreisärzte deshalb beobachtet werden, ferner, wie vorzüglich organisiert das Kurpfuschertum im Reiche ist, welche umfangreiche Presse ihm zur Verfügung steht, wie eng es mit nicht wenigen Abgeordneten des Reichstages und der einzelnen Landtage verbunden ist! Wäre einem der Bucheinsichtnehmenden jemals ein Übergriff nur im geringsten nachzuweisen gewesen, ja, hätte er eines solchen sich nur verdächtig gemacht, die Öffentlichkeit hätte davon sicherlich Kenntnis erlangt.

Kurpfuscherei und Naturheilkunde, Naturheilanhänger bezw. Naturheilgewerbetreibende.

Wenn Kurpfuschereibeschränkungen in Betracht gezogen werden, so wird stets die Schutzbedürftigkeit der Naturheilkunde ins Feld geführt und deren Verdienst um die Bevölkerung hervorgehoben. Es wird dabei allerdings vielerlei unter einem Schlagworte erfaßt, was sehr verschieden zu bewerten ist. Es liegt unseren Ausführungen vollständig ferne, der „Naturheilbewegung" einen gesunden Kern abzusprechen, ihr nicht ein Verdienst zuerkennen zu wollen, das sie sich mit der Verbreitung gutgemeinter und zum Teil, sofern sie sich auf die Lebensweise bezogen, auch nützlicher Lehren erworben hat. Was in dieser Beziehung die sog. Naturheilvereine Gutes geleistet, soll nicht verkannt werden. Im Zeichen des Burgfriedens sei über die zahlreichen Auswüchse, welche auch diese Bewegung gerade in bezug auf Heilmethoden, Heilerfolge, einseitige oder unwissenschaftliche Darstellungen vom Wesen der Krankheiten, der Serumbehandlung, der Seuchenbekämpfung, Impfung usw. aufzuweisen hatte, an dieser Stelle hinweggegangen. Aber darüber darf man nicht hinweggehen, daß gerade die Schutzimpfungen, die jetzt im Kriege gegenüber den furchtbaren Gefahren der Verseuchung durch Cholera, Typhus, Pocken für das ganze deutsche Heer und Volk so wunderbare Erfolge gezeitigt haben, von den Jüngern der Naturheilmethode aufs heftigste bekämpft worden sind. Wo wären wir heute, wenn wir diese von der Naturheilmethode so arg verlästerten, in Wirklichkeit so segensreichen rein wissenschaftlichen und gerade der Natur abgelauschten Methoden nicht gehabt hätten! Man kann aber nicht darüber schweigen, daß sich selbst die Militärbehörden genötigt sahen, ein oder das anderemal den Auswüchsen im Kriege entgegenzutreten. Wir kommen noch darauf zurück.

Die gewisse Volkstümlichkeit der „Naturheilkunde" benutzt nun das gesamte Kurpfuschertum, um für sich Stimmung zu machen. Jeder Kurpfuscher kennt angeblich die Natur und ihre Heilkunde! Er brüstet sich damit, besser darüber unterrichtet zu sein als der Schulmediziner, der angeblich als „Giftmischer" oder „Verstümmler" nur eine Gefahr bedeuten soll. Leider werden die Kurpfuscher dadurch unterstützt, daß die Organisation der Naturheilvereine — wenige von ihnen ausgenommen — für die Kurierfreiheit voreingenommen ist. Trotzdem verwahrt sich die deutsche Naturheilbewegung immer und immer wieder auf das Entschiedenste dagegen, daß man sie der Unterstützung des Kurpfuschertums mit Recht zeihe. Es wird dabei betont, diese Unterstützung sei schon deswegen nicht notwendig, weil unter den vielen Tausenden gewerbsmäßiger Kurpfuscher sich höchstens 200 bis 300 „Naturheilkundige" befänden, denen zuliebe eine Verfeindung mit dem Ärztestande ebensowenig notwendig als klug wäre. Tatsächlich sind auch in den letzten Jahren einige Führer der deutschen Naturheilbewegung bestrebt, einen modus vivendi mit der Ärzteschaft zuwege zu bringen. Diese würde anderseits nichts einzuwenden haben, wenn Ärzte der „physikalisch-diätetischen" Richtung zahlreicher würden, und so der Ruf mancher Vereine nach solchen Ärzten mehr Erfüllung fände. Ob dieser Ruf Berechtigung hat oder nicht, ob besonders die zahlreich vorhandenen ärztlich geleiteten Heilanstalten, an denen vorzugsweise die natürlichen Heilfaktoren angewendet werden, den Ansprüchen in quantitativer Hinsicht genügen oder nicht, sei dahingestellt. Jedenfalls ist die Ärzteschaft nicht dagegen, daß selbst die verwöhntesten Anforderungen der Bevölkerung erfüllt werden, insofern sie nach approbierten Ärzten mit sogen. „naturheilkundlicher" Behandlungsweise Verlangen trägt. Dem steht die „Schulmedizin" keineswegs unfreundlich entgegen. Im Gegenteil! Sie pflegt nach Kräften die einfachen, natürlichen Heilfaktoren. Sie würde es nur begrüßen, wenn den Universitätskliniken derartig reichliche Mittel zur Verfügung gestellt wären, daß die Anwendung von Licht, Luft, Wärme, Wasser, Elektrizität usw. am Krankenbett und zu hygienischen Zwecken Gegenstand der eingehendsten wissenschaftlichen Forschung und Verwertung dort werde, wo sie noch nicht in ausreichendem Maße vorhanden ist, ohne daß sie freilich Lehrstühle billigen könnte, die nicht mehr voraussetzungslos die Wirkungen dieser Heilfaktoren prüfen, sondern sie, gleichsam wie ein Anwalt seine Partei, zu vertreten hätten. Der Maßstab, der sonst für Lehrstuhl-Errichtungen, bzw. bei -Besetzungen an die wissenschaftlichen Eigenschaften der Kandidaten, gelegt wird, müßte der gleich strenge sein. Jedoch die Existenz von wenigen Hunderten nicht approbierten Naturheilkundigen im großen Deutschen Reiche, deren Daseinsberechtigung dahingestellt bleibe, kann unserer Ansicht nach kein Grund sein, die unwiderleglich nachgewiesenen, zahllosen und schweren Schädigungen des Kurpfuschertums ohne dessen energische Bekämpfung ruhig hinzunehmen. Unter der Flagge „Naturheilkunde" segeln nicht bloß die wenigen der deutschen Naturheilbewegung angegliederten Heilkünstler, sondern auch viele Anhänger wildester Kurpfuscherei. Sie haben sich den Namen „Naturheilkundige" aus eigenem zugelegt, woran sie durch keine gesetzliche Bestimmung gehindert sind und nicht gehindert werden können. Das wird häufig von den Naturheilvereinen selbst sehr unangenehm empfunden. So erging erst jüngst wieder eine Abschüttelung des „Naturheilkundigen" Weselmann durch die Presse.

Die Naturheilkunde gegen die Kurpfuschereifreiheit.

Es ist schon angedeutet worden, daß auch die Naturheilkunde ihre Schattenseiten hat. Sie ist eben vielfach nur ein Deckname für Kurpfuscherei.

Wiederholt ist man denn auch zur Forderung einer reinlichen gesetzlichen Scheidung, z. B. durch eine staatliche Prüfung und Zulassung, geradeso wie von ärztlicher Seite sowohl seitens der Naturheilvereine als der „geschulten" Naturheilgewerbetreibenden gelangt.

Es haben eine Zeit hindurch Schulen bestanden, welche sich die Ausbildung von sog. Naturheilkundigen zur Aufgabe machten. In Chemnitz und später in Berlin unterrichteten Lehrer, die freilich selber keinen staatlichen Befähigungsnachweis für die Ausübung der Heilkunde besaßen und auch sonst einer strengeren Prüfung nicht standgehalten hätten, einige Monate hindurch Schüler und erklärten sie auf Grund von Prüfungen für „befähigt", Kranke zu behandeln. Die durch die Freigabe des Kurpfuschertums Freigewordenen führten also unter sich eine Art Approbation ein. Und als sie solche besaßen, verlangten sie[18], daß die von „ehrlichem Wollen und Streben beseelten Naturheilkundigen" getrennt würden von der Menge „Auchnaturheilkundiger", „die das Vertrauen des Volkes täuschen"; es sollten sich nur solche Leute „Naturheilkundige" nennen dürfen, die zwei Jahre unbescholten praktiziert oder irgendeinen Befähigungsnachweis erbracht hätten. Dieser im offiziellen Organ des Verbandes deutscher Naturheilkundiger erfolgte Vorschlag fand sein Seitenstück in der Forderung des „Verbandes der Vertreter der Pastor-Felke-Heilweise": Die Jünger des am Niederrhein mit Reibesitzbädern, Lehm und Homöopathie heilenden ehemaligen Pastor Felke waren sich darüber einig, daß nur derjenige sich „Vertreter der Pastor-Felkeschen Heilweise" nennen dürfe, der von dem Verbandsvorstande hierzu das Recht erhalten hätte. Diese Art Approbation sollte den Zweck haben, „der gefährlichsten Kurpfuscherei den Weg zu versperren".

Derartige Forderungen entspringen nicht lediglich dem Reklamebedürfnis von Heilgewerbetreibenden, auch nicht allein dem

Konkurrenzneid gegen die Nichtapprobierten, sondern wurzeln
instinktiv in dem Bedürfnis, das Volk vor solchen Ele-
menten zu schützen, die ohne Spur medizinischer
Kenntnisse die Menschheit von ihrem Gebreste zu
heilen sich rühmen. Es mag den vom Zwange eines Kur-
pfuschergesetzes Befreiten mit der Zeit selbst bange geworden
sein, als sie sich gegenseitig den Spiegel vorhielten. Machte doch
ein im obenerwähnten Naturheilkundigen-Verbande Maßgebender das offene Geständnis[19]): „In neuerer Zeit benützt sogar
das Verbrechertum und die Prostitution die Heilkunde als Deckmantel sträflicher und unmoralischer Handlungen, und der Ab-
schaum der Gesellschaft drängt sich immer mehr zum
Heilberufe, der doch seiner Natur nach nicht zum Tummel-
platze eines rücksichtslosen und unlauteren Gewerbes werden
darf.“

Der Naturheilkundige Hermann Wolf äußerte sich: „Wir
Freunde der Kurierfreiheit haben in den letzten Jahren manche
Enttäuschung erlebt. Ich erinnere nur an die Versammlung des
deutschen Naturheilvereins-Bundes in Weißenfels. Herr
Leube als Vorsitzender des Bundesausschusses, der erste
Beamte des Bundes, erklärte dort: ‚Wenn jeder Schneider
oder Schuster kurieren könne, dann bin ich Gegner
der Kurierfreiheit‘... Mit Empörung habe ich oft gehört, wie
manche Naturheilkundigen sprechen ... ‚Jede Art der Heilkunde
möchte eine besondere Kurierfreiheit haben‘.

Die Heilreklame im Kriege.

„Zu Beginn des Krieges schien die Geheimmittelreklame ihr
im Frieden betriebenes Unwesen eingestellt zu haben. Allein
es dauerte nicht lange, und Verwundete, Genesende, Krieger im
Schützengraben, sowie deren besorgte Angehörigen wurden in
Wort und Bild das Ziel der Erzeuger von Geheimmitteln. Letzteren
wurde nun besondere Eignung gegen die Kriegsschäden ange-
dichtet. Wo ein Fünkchen Wahrheit dahinter steckte, wurde
es durch die Reklame zu einem großen Feuer, nach dessen Kraft
der Verwundete und kranke Soldat angeblich sehnsüchtig die
Arme ausstreckte. Zweifellos forderte dieses Gebahren zahlreiche
gutgläubige Opfer. Als durch diese Mißstände bewogen, deutsche

militärische Befehlshaber einen Teil der Lockfallen beseitigten, indem eine Anzahl von Anzeigen verboten wurde, erfolgte eine erfreuliche Einschränkung derselben. Leider sind die betreffenden Erlasse nicht gleichmäßig\über das Deutsche Reich ergangen, so daß nicht selten an einem Orte verboten ist, was man an einem anderen gestattet. Die vorbeugenden Bestrebungen der Kommandierenden Generale können nicht hindern, daß Zeitungen oder Zeitschriften aus Bezirken ohne Ankündigungsverbot nach auswärts zum Schlingenlegen benützt werden und so Kranke im ganzen Reiche schädigen." Dr. Neustätter, dem wir mit unseren Ausführungen hier folgen[20]), hat im 1. Vierteljahre 1916 aus etwa 200 Zeitungen (Familien-, lokale Blätter, Kalender nicht inbegriffen), die Heilreklamen gesammelt und die angekündigten Mittel mit kurzen Schlagworten beleuchtet. Auf 10 (!) kleingedruckten Quartseiten wurden Anzeigen von fast 500 Mitteln bzw. Heilbetrieben besprochen, die man den „Kriegern im Felde" zur Stärkung u. dgl. in marktschreierischer Weise aufzudrängen versuchte. Die allerwenigsten dieser Mittel haben einen selbst nur bescheidenen Wert. Bei der überwiegenden Mehrzahl handelt es sich um haltlose Verheißungen, mindestens aber um Verteuerungen, die in den jetzigen Zeiten gerade zum Wucher und Betrug werden. Dies ist um so beklagenswerter, als die Anzeigen durch Verängstigung der Kranken zum Ankaufe drängen. Außer zahlreichen Heilgeschäften waren 76 einzelne persönliche Heilgewerbetreibende: Naturheilkundige, Homöopathen, Magnetiseure u. dgl. nach der Neustätterschen Zusammenstellung mit ausgedehnter und übertreibender Reklame beteiligt. Für Geschlechtskrankheiten, Haut-, Harn- und Frauenleiden arbeiteten nicht weniger als 44 Institute bzw. Geheimmittelerzeuger und sonstige Kurpfuscher.

Sehr viele der angepriesenen Mittel werden als unentbehrlich und unfehlbar hingestellt, als erfolgverheißend gegen die gleichen Leiden, so daß selbst ein Laie stutzig werden könnte, wenn er Gelegenheit hätte, die Anzeigen miteinander zu vergleichen. In Wirklichkeit war nicht ein unersetzbares oder unentbehrliches darunter!

Schon durch seinen Riesenumfang wird das hier gekennzeichnete Unwesen zu einem ebenso gefährlichen als den Volkswohlstand schädigenden.

Gefährdung der Volksgesundheit durch Laienheilkundige.

In dem durch kurpfuscherische Werbekünste erweckten Mißtrauen der Kranken zur Heilkunst des Arztes liegt eine außerordentlich große Gefahr. Sachkundige Hilfe wird infolgedessen seitens der Kranken gar nicht oder zu spät in Anspruch genommen, was für die persönliche, aber auch für die allgemeine Gesundheitspflege von großer Bedeutung ist. (Vgl. hierüber die von der Deutsch. Ges. z. Bek. d. Geschl.-Krankh. herausgegebene Flugschrift Nr. 1 „Geschlechts-Krankheiten und Heil-Schwindel" [J. A. Barth, Leipzig].) Es bedarf kaum eines Hinweises auf den Einfluß, den in dieser Beziehung die Kurpfuscherei auf die Hygiene der Geschlechtskrankheiten sich zu verschaffen wußte. Ihre Bekämpfung hat mit diesem Einfluß stark zu rechnen. Durch ihn stößt ferner die Verhütung aller ansteckenden Krankheiten im Volke auf Widerstand.

Leugnen der Ansteckungsgefahr.

Zum Mißtrauen in die Heilkunst gesellt sich das in die Wissenschaft. Es liegt im Wesen einer ganzen Reihe laienhafter Lehren, daß sie sogar die Ansteckungsgefahr von Cholera und Pocken leugnen. Wir zitieren hier den in Laienkreisen vielgepriesenen „Erfinder" des Sonnenbades Rikli: „Die Blattern sind nichts anderes als die günstigste Heilungsform, nämlich Entzündung des Hautorgans, hervorgebracht durch das kräftige Reinigungsbestreben des Körpers, Schlacken nach außen zu werfen." (Wohlfahrt 1908.) Im „Naturarzt", dem offiziellen Organe des deutschen Naturheilvereins-Bundes (1898, Nr. 4), werden die Masern als eine „angeblich übertragbare Krankheit" bezeichnet, die „nichts weiter als einen Reinigungsprozeß des Organismus von schädlichen durch Erbsünden in der Erziehung vor und nach der Geburt dem Kinde zugefügten Stoffen darstelle". Im selben „Naturarzt" (1916, S. 249), schreibt Oberst a. D. Spohr, ein von der Naturheilbewegung anerkannter Führer: „Die gefährlichsten Leiden im Felde sind Krankheiten der Verdauungsorgane, sog. Darmkatarrhe, von denen die Cholera, rote Ruhr und Typhus die schlimmsten sind." Spohr zählt demnach diese gefährlichsten aller Seuchen zu den Darmkatarrhen. Er erzählt in dem Aufsatze weiter, daß er im Jahre 1866 gegen 50 Cholera- und Cholerinefälle zur Heilung gebracht hätte, ohne einen Mann ins Lazarett senden zu müssen und ohne einen einzigen zu verlieren. Welche Maßregeln der krankenbehandelnde Oberst getroffen hat, um die Weiterverbreitung der Cholera hintanzuhalten, darüber verliert er kein Wort. Daß er Cholera und Cholerine gleichstellt, erklärt den Erfolg.

Derlei Lehren fallen durchaus nicht immer auf unfruchtbaren Boden und erklären es z. B., daß im Jahre 1894 eine an Aussatz Erkrankte zu dem Kurpfuscher Kuhne nach Leipzig ging und von ihm der Justschen Anstalt „Jungborn" im Harz zu dreimonatlichem Aufenthalte überwiesen wurde.

Typhus.

Bei der am 10. Mai 1905 zu Göttingen gegen den Franz Ausmeier - Kirchgandern stattgefundenen Gerichtsverhandlung bekundete Professor Stölper als Sachverständiger, daß Ausmeier für die Gesundheitsverhältnisse der ganzen Gegend von außerordentlicher Bedeutung sei, indem er ansteckende Krankheiten behandle, ohne sie zu sehen; er lasse sich den Urin Typhöser ins Haus bringen und erkläre alle Leiden für Erkältungen. Alle Maßregeln, die von den Behörden gegen die Weiterverbreitung des Typhus getroffen werden sollten, mußten unterbleiben; es ist denn auch dicht bei Göttingen eine ganze Reihe Typhuserkrankungen aufgetreten, die nicht zur behördlichen Kenntnis kamen, weil sie von Kurpfuschern behandelt worden waren.

Dem „Kasseler Tagblatt" (17. Dezember 1908) zufolge sind in Küllstedt, dem Wohnsitze eines zweiten Ausmeier, an Typhus und Diphtherie 96 Erkrankungen mit 13 Todesfällen gezählt worden, für welche von den Ärzten jedwede Verantwortung abgelehnt werden mußte, weil sie zu spät benachrichtigt worden waren. Zu dem Heilkundigen Miller aus Kesselstadt begab sich — wie die Frankfurter „Ärzte-Corresp." erzählte — ein Wirt und erhielt nach Untersuchung mittels „Augendiagnose" einen Tee. Nach einigen Tagen wurde zu dem mittlerweile schwer krank Gewordenen der Heilkundige gerufen, welcher alles in Ordnung fand. Erst zwei Tage später wurde ein Arzt zugezogen, der einen Bauchtyphus sicherstellte und Überführung ins Krankenhaus anordnete. Der Patient starb bald hernach. Was mag wohl bis zum Eintreffen des Arztes geschehen sein, um die Weiterverbreitung des Typhus hintanzuhalten?

Diphtherie.

Auffallend vermehren sich in letzter Zeit solche Fälle, in denen das Vorgehen der Kurpfuscher bei Diphtherie-Erkrankungen vom volksgesundheitlichen Standpunkte zu den schwersten Bedenken Anlaß gibt. Die betreffenden Tatsachen kamen lediglich bei Gerichtsverhandlungen hervor; was nicht zur allgemeinen Kenntnis gelangt, weil der Staatsanwalt keinen Anlaß zum Einschreiten fand, entzieht sich der Beurteilung.

Der Magnetiseur und Naturheilkundige Heinrich Ferdinand aus Hagenau wurde („Der Altmärker" 14. Juli 1915) wegen erschwerter fahrlässiger Tötung mit sechs Monaten Gefängnis bestraft. Er hatte an einem ihm anvertrauten Kinde Bräune oder Diphtherie erkannt, diesen Umstand aber den Eltern verschwiegen. Erst nach zwei Tagen unsachgemäßer Behandlung wurde ein Arzt zugezogen, dessen Zuziehung F. in blinder Überhebung hintangehalten hatte. Das Kind starb.

Der ehemalige Drechslergehilfe und nachherige Naturheilkundige Eduard Schulz aus Berlin erhielt vom Schöneberger Schöffengericht am 27. März 1916 wegen fahrlässiger Tötung $1^{1}/_{2}$ Jahre Gefängnis, weil er ein diphtheriekrankes Kind behandelte, ohne dessen Hals zu besichtigen.

Der Zahntechniker und Naturheilkundige Forkmann aus Pegau wurde wegen fahrlässiger Tötung vom Leipziger Landgericht am 22. Juni 1916 zu sechs Monaten Gefängnis verurteilt. F. hatte einen fünfjährigen Knaben an Diphtherie behandelt, der am 13. November 1915 starb. Am folgenden Tage starb das fünfvierteljährige Schwesterchen an Diphtherie; nur die dreijährige, gleichfalls erkrankte Schwester kam davon. Das Gericht legte dem Verurteilten zur Last, daß er keinen Arzt zugezogen habe und daß er denselben Löffel, mit dem F. eben den Hals des Knaben untersucht hatte, auch bei dem kleinsten Kinde benützte, und daß er die Trennung der beiden noch nicht erkrankt gewesenen Mädchen von ihrem Bruder unterließ.

Der Naturheilkundige W. Baarsch erhielt vom Landgericht Berlin I am 3. März 1916 wegen fahrlässiger Tötung neun Monate Gefängnis. B. hatte vier Geschwister mit Diphtherie in Behandlung genommen und auch die Krankheit richtig erkannt; sämtliche Kinder wurden lediglich mit einer Pflastersalbe behandelt und drei von ihnen starben; nur bei dem vierten wurde noch rechtzeitig ein Arzt zugezogen, so daß nach vorgenommener Serumeinspritzung Rettung erfolgte. Das gerichtliche Urteil stellte ausdrücklich fest, daß B. durch sein Verhalten die Ansteckung von drei Kindern veranlaßt habe.

Der Naturheilkundige Hache aus Kottbus wurde wegen fahrlässiger Tötung zweier an Diphtherie erkrankter Kinder durch Urteil des Landgerichts Guben mit drei Monaten Gefängnis bestraft („Die Tribüne" 17. Juli 1916), da er die schweren Erkrankungen wohl erkannt, aber nicht die Zuziehung eines Arztes veranlaßt habe.

Der 38. Jahresbericht über das Medizinalwesen des Königreichs Sachsen hebt hervor, daß ein Kurpfuscher in Auerswalde durch Unterlassen der nötigen Maßnahmen zur Ausbreitung der Diphtherie beitrug.

Mit solchen Erfahrungen kann man wohl ungezwungen das in einzelnen Bezirken Sachsens bemerkbare Zunehmen der Sterblichkeit mit dem gleichzeitigen Zunehmen der Anzahl der Kurpfuscher in Zusammenhang bringen.

Kneipp und Kuhne.

Dadurch, daß das moderne Kurpfuschertum seinen Schriften große Verbreitung zu verschaffen wußte, wächst die Gefahr solcher Irrlehren. Einer der vielgelesensten Heilkünstler, der bayrische Pfarrer Kneipp, äußerte u. a.: „Einfach, unkompliziert, fast jede Täuschung, jeden Irrtum ausschließend ist die Heilung, wenn man weiß, jede Krankheit ruht in Störungen des Blutes."

Solche „Lehren" machen es begreiflich, daß Pfarrer Kneipp, wie ich selbst in Wörishofen seinerzeit sah, die an ägyptischer Augenentzündung erkrankte Bindehaut mit seinen Fingern berührte und hierauf, ohne sich auch nur oberflächlich die Hände zu waschen, die Augen anderer Kranker untersuchte. Die üblen Zustände in seiner Heilanstalt waren meist durch solchen Mangel an tieferer Einsicht begründet.

Eine Größe der Naturheilkunde, der Tischler Louis Kuhne, erklärte: Im Unterleib sitze alles Übel, auch Infektionskrankheiten. Bei den Pocken, die unter richtiger Behandlung harmlos seien, drängen die Fremdstoffe nach dem Kopfe, wo ihr Hauptsitz würde. Bei Keuchhusten wollen die Fremdstoffmassen zum Halse heraus. Bei Diphtherie könnten gesunde Mütter ihr Kind zu sich ins Bett nehmen, damit durch die mütterliche Wärme die Poren geöffnet und die Ausscheidung durch Darm und Niere besorgt werde. Die Geisteskrankheiten kämen aus dem Unterleibe. Ohrenlaufen, Schnupfen, Tripper, weißer Fluß müssen eine Ursache haben. Krebs entstünde durch Verdickung des im Blute hervorgebrachten Eiters, woran die Schulmedizin mit ihren Giften schuld sei.

Die Impfung.

Die von den Laien betriebenen Heilmethoden tragen bekanntlich das Merkmal der Einseitigkeit deutlich zur Schau. Der eine Heilkundige schwört auf das Wasser als Heilmittel, der andere auf Luft- bzw. Sonnenbäder. Einig sind sich aber alle diese verschiedenen Methoden in einem: in ihrem Gegensatze zu der auf den Universitäten gelehrten medizinischen Wissenschaft. Als Kampfobjekte gelten hauptsächlich die Arzneibehandlung, insbesondere die Quecksilbertherapie, die Impfung und operative Eingriffe. Geht man aber dem eigentlichen Wesen dieser Gegnerschaft bis auf den Grund, so sieht man, daß die Lehren der Kurpfuschermethoden ein fast vollständiges Verneinen aller Errungenschaften der wissenschaftlichen Heilkunde umschließen.

Dieser Vorwurf trifft auch die deutsche Naturheilbewegung und wird begründet insbesondere durch die teils offenen, teil versteckten, zahlreichen Angriffe gegen die Impfung, welche sozusagen auf den Grundlehren der „Naturheilkunde" beruhen.

Wie Naturheilärzte sich zu dem Impfschutzgesetze verhalten, das zeigte deutlich der im Juni 1913 vor dem Frankfurter Landgericht verhandelte Prozeß gegen die Ärzte Spohr und Bachem. Dr. Spohr hatte die gesetzlich vorgeschriebene Anzeige ihm bekannt gewordener Pockenfälle unterlassen und sich damit éntschuldigt, daß er die Krankheit nicht erkannt und von den in Frage kommenden bundesrätlichen Ausführungsbestimmungen nichts gewußt habe. Mit Recht machte demgegenüber der Vorsitzende den Einwand: es sei doch sehr merkwürdig, wenn ein das Impfgesetz bekämpfender Arzt, wie Dr. Spohr, keine Kenntnis der Pockenschutzbestimmungen besitze. Dr. Bachem mußte in der Verhandlung seine Äußerung zugeben, die dahin ging: es wäre ganz gut, wenn in Frankfurt einmal eine Epidemie ausbräche, denn dann würde man die ganze Haltlosigkeit des Impfschutzes dartun können. Dr. Spohr war während der kleinen hier in Frage kommenden Pockenseuche von dieser selbst lebensgefährlich befallen worden, die Krankheit wurde aber nicht der Behörde vorschriftsmäßig angezeigt. „Das Motiv der Verheimlichung war nicht die Furcht vor dem Krankenhause, sondern die Furcht vor der Öffentlichkeit." (Prof. Fischer in Münch. Med. Woch. Nr. 28, 1913.) Diese Furcht, die in langjähriger Agitation gegen das Impfgesetz offen bekannten Grundsätze wanken sehen zu müssen, ist ein leicht begreifliches, wenn auch unentschuldbares Motiv bei der Unterlassung behördlicher Verfügungen, die im Interesse der öffentlichen Seuchenbekämpfung erlassen wurden.

Die Naturheilkunde im Kriege.

Die Frage der Behandlungsweise ist an sich eine wissenschaftliche; ob also Operation oder nicht Operation, ob Wasserbehandlung oder medikamentöse angezeigt ist, entscheidet sich nach Erfahrung und Versuch, Örtlichkeit und Krankheit usw. Die Gefahr der „Naturheilkunde" beruht nun gerade darauf, daß sie a priori ihre Vorzüglichkeit betont. Schon bei den besseren Köpfen richtet sie eine unheilvolle Kritiklosigkeit an. Bei den dii minorum gentium wird aber solche Einseitigkeit zum Wahn und zur größten Gefahr.

Gerade der Krieg hat dies offenbart. Man denke, daß ungeschulte Leute ohne die durch allgemeine Vorbildung geschärfte Kritik die in einigen folgenden Beispielen niedergelegten Anschauungen bei der Behandlung unserer Kriegsverletzten und Kranken durchgeführt hätten!

1. Das Organ der deutschen Naturheilbewegung, der in Berlin erscheinende „Naturarzt", der nach Versicherung seiner Herausgeber ein Auflage von 133 000 Exemplaren hat, schreibt z. B. (September 1914): „Zur Kriegschirurgie. Im russisch-türkischen Kriege stürzte General Dragomiroff, von mehreren Kugeln getroffen, besinnungslos zu Boden. Im Feldlazarett kam er wieder zu sich, gerade in dem Augenblicke, als die Ärzte damit beginnen wollten, ihm beide Beine zu amputieren. Wütend zog der General seinen Revolver und erklärte: „Der erste, der mir mit einem Messer oder mit einer Säge nahe kommt, wird niedergeschossen." Länger als eine Woche hielt der mißtrauische General unausgesetzt den Revolver in den Händen. Nachts mußte sein Bursche mit aufgepflanztem Seitengewehr an seinem Bette Wache halten. Nach ein paar Wochen genas er wirklich, und die einzige dauernde Folge seiner Verletzungen machte sich in einem leichten Hinken fühlbar. Aber von diesem Tage an erklärte der bärbeißige General stets, die schlimmsten Feinde der Soldaten seien die Feldchirurgen. Daß dank den Fortschritten der Wundbehandlung die Lebensgefahr, die lieber ein Bein als das Leben riskieren ließ, diese Art Operationen so außerordentlich eingeschränkt ist, wird nicht erwähnt!

2. Ein Führer der Naturheilbewegung, der Oberst a. D. Spohr in Gießen erzählt im Naturarzt, Oktober 1914, daß bei Anwendung der

Gipsverbände die Wunden in Eiter übergingen, der sich auf die Atmung schlüge und die Leute ersticke. Er riet auch jedem dringend, sich gegen jede größere Operation zu wehren.

3. Dr. Schoenenberger, Arzt und Schriftleiter des „Naturarzt", äußerte in seinem Blatte (Dez. 1914) über die Grundzüge der Chirurgie u. a., daß jeder operative Eingriff eine ernste Gefahr bedeute.

4. Der Frankfurter Arzt Dr. Spohr hält nichts von den trockenen Wundverbänden. Eine ganze Reihe Verwundeter klagten über große Schmerzen und schlaflose Nächte bei trockener Wundbehandlung. Warum gönne man den im Kampfe fürs Vaterland Verwundeten nicht die Wohltat der feuchten Wundbehandlung?

5. Dr. Schoenenberger schreibt ferner („Naturarzt", April 1915), es lasse sich nicht ermessen, in welchem Maße die verschiedenen Impfungen und die durch sie hervorgerufenen Krankheiten die Widerstandskraft gegen Wundstarrkrampf verringert hätten. Im weiteren werden mehrere ärztliche Autoritäten angeführt, aus deren Äußerungen angeblich hervorginge, daß die zu Heilzwecken bei Tetanus vorgenommenen Einspritzungen nicht befriedigt hätten. (Die glänzenden Erfolge gerade auf diesem Gebiete — durch rechtzeitige Tetanusschutzimpfung ist diese entsetzliche Gefahr, die noch zu Anfang des Krieges so viele selbst unscheinbare Verletzte dem Tode weihte, so gut wie beseitigt — beweisen die ganze Haltlosigkeit solcher rein theoretischer Voreingenommenheit.)

Die Militärbehörden haben die Ankündigungen der zwei Schriften des Oberst a. D. Spohr „Die Behandlung von Wunden" und „Die Vermeidung von Operationen" in den öffentlichen Blättern für die Dauer des Krieges verboten. Wie der „Naturarzt" selbst mitteilte, wurde auch seine Annahme und Verbreitung unter den Lazarettkranken laut Zuschrift des Kriegsministeriums verboten, weil der „Naturarzt" als „angemessener Lesestoff für Heeresangehörige wegen seiner die staatlich anerkannte Heilweise bekämpfenden Ziele nicht erachtet werden kann." Nur so ließ sich viel Unheil vermeiden.

Denn nur wenn es sich nicht um dringliche Gefahren handelt, kann durch Aufklärung gewirkt werden. Im Frieden fehlt es aber an Mitteln, diesen falschen Theorien, die mit fanatischem Eifer vorgebracht werden, entgegenzutreten. Und so lange Leute ein gewerbliches Interesse daran haben, sich durch Verketzerung der wissenschaftlichen Medizin ein besonderes Ansehen und Vertrauen zu erringen, so lange wird mit Aufklärung allein nach den vielen, seit langen Jahren nun schon vorliegenden Erfahrungen nichts zu erreichen sein.

Anhang.

Geburtenrückgang und Kurpfuscherei.

Die immer umfangreicher werdende Tätigkeit der Kurpfuscher auf dem Gebiete der Konzeptionsverhütung und Abtreibung ist natürlich längst Gegenstand behördlicher Erörterungen geworden. So hat das Landes-Gesundheitsamt des Kgr. Sachsen das Überhandnehmen dieser Kurpfuscherei (im Berichte auf das Jahr 1911) ausdrücklich betont. Auch in dem vom Bayrischen Staatsministerium des Innern herausgegebenen Berichte über das Gesundheitswesen in den Jahren 1908, 1909 und 1910 (38. Band) wird darüber Klage geführt, daß für die geradezu gesundheitsgefährlichen Mittel gegen Blutstockung und für Abortivmittel seitens Minderbemittelter nicht unbeträchtlicher Geldaufwand vergeudet werde. Der Preußische Justizminister fand sich mit Erlaß vom 1. September 1913 veranlaßt, an die Regierungspräsidenten und den Berliner Polizeipräsidenten mit dem Ersuchen heranzutreten, die Anklagebehörden möchten gegen die Anpreisung, den Vertrieb und die Anwendung empfängnisverhütender Mittel einschreiten, da dieselben einen Umfang angenommen hätten, der nach einem Berichte des Ministers des Innern über die Ursache des Geburtenrückganges zu ernsten Bedenken Anlaß gäbe; die Behörden sollten mit größtem Nachdrucke der Verletzung des § 184 Ziffer 3 StGB. entgegentreten, die Unbrauchbarmachung etwa in Betracht kommender Druckschriften auf Grund des § 41 beantragen und hierbei auf die außerordentliche Gemeingefährlichkeit und die gewinnsüchtigen, niedrigen Beweggründe der Angeklagten Rücksicht nehmen.

Im Mai 1913 lenkte der Preußische Ministerialdirektor Dr. Kirchner die Aufmerksamkeit des Abgeordnetenhauses auf das verderbliche Treiben der Kolporteure, die den Männern und Frauen.auf dem Wege von und zu den Arbeitsstätten Anpreisungen über Abtreibungsmittel in die Hand stecken; es solle erwogen werden, ob Leute, die in öffentlichen Volksversammlungen den jungen Frauen gefährliche Lehren zuteil werden lassen, nicht schärfer zu beaufsichtigen und Geschäfte, in denen konzeptionsverhütende und Abtreibungsmittel vertrieben würden, nicht strenger zu überwachen wären; Kirchner berief sich hierbei auf die ihm mitgeteilten Erfahrungen hervorragender Frauenärzte, wonach diese niemals so viele Fehlgeburten wie in jüngster Zeit behandelt hätten, und daß niemals so viele kräftige junge Frauen an den Folgen künstlicher Aborte zugrunde gegangen seien.

Im Jahre 1914 beantragten die Zentrumsmitglieder im Deutschen Reichstage einen Gesetzentwurf mit Bestimmungen gegen die Verbreitung antikonzeptioneller und abortiver Mittel, welchen Antrag der Präsident des Reichsgesundheitsamtes als eine Notwendigkeit und Pflicht bezeichnete. Die Klagen über den Geburtenrückgang in Deutschland haben zu jener Zeit in den Verhandlungen des Reichstages und des Preußischen Abgeordnetenhauses lebhaften Ausdruck gefunden und sich insbesondere gegen den freien Betrieb der Antikonzipientia gewendet. Dabei wurde auf den Mißstand verwiesen, daß Hausierer solcher Mittel auf den Standesämtern und in anderer Weise die Adressen Neuvermählter sich beschaffen, deren Wohnungen aufsuchen und den Ankauf von Antikonzipientia betreiben.

Am 25. Februar 1916 gelangte im Preußischen Abgeordnetenhause ein Antrag zur Annahme, durch den die Staatsregierung ersucht wird, bei dem Bundesrat dahin zu wirken, daß er dem Reichstage möglichst bald einen Gesetzentwurf vorlegen möchte, durch den der Bundesrat ermächtigt wird, das Anbieten und Anpreisen durch Kataloge, Drucksachen, Hausieren usw. sowie das Feilhalten und den Verkauf von Gegenständen zur Verhütung der Empfängnis und zur Beseitigung der Schwangerschaft zu beschränken oder zu untersagen und auch alle nur für das Laienpublikum bestimmten Schriften und Bücher zu verbieten, in denen sich Beschreibungen und Besprechungen der antikonzeptionellen und zur Unterbrechung der Schwangerschaft geeigneten Mittel und Methoden finden.

Anfang des Jahres 1913 wandte sich die Frankfurter evangelisch-lutherische Stadtsynode unter Bezugnahme auf eine Zuschrift des Ministers vom 1. April 1912 an das Konsistorium mit der Bitte, bei der Staatsregierung zu beantragen, daß zur Bekämpfung des Geburtenrückganges der Verkauf antikonzeptioneller Mittel den Apotheken vorbehalten und von einer ärztlichen Ordination abhängig gemacht werde.

In dem Berichte des Gesundheitsamtes des Rates der Stadt Leipzig auf das Jahr 1909 wird auf die gegen Blutstockungen oder

Menstruationsstörungen angepriesenen zahlreichen Mittel verwiesen. 1912 wird öffentlich vor den Menstruationsmitteln gewarnt. Ähnliches erfolgte seitens des Rates der Stadt Dresden (5. V. 1911) und des Hamburger Medizinalkollegiums (21. X. 1909).

Der Regierungspräsident von Schleswig-Holstein warnte im Jahre 1910 vor Mitteln gegen Menstruationsstörungen.

Während des jetzigen Weltkrieges forderte die Deutsche Vereinigung für Säuglingsschutz energische Schritte zur Sicherung des deutschen Volksbestandes; wie schwer wäre Rußland wegen seiner unzählbaren Bevölkerungsgröße niederzuringen!

Auch der Reichtagsausschuß für Bevölkerungspolitik unter Vorsitz von Dr. Struve hat den Vorgängen ernsteste Beachtung zugewandt.

Ärztliche Stellungnahme.

Ärztliche Körperschaften haben sich gleichfalls mit der Sache befaßt. Mit Erlaß vom 13. Januar 1899 hatte Minister v. Bosse die preußischen Ärztekammern aufgefordert, an dem Nachweise mitzuarbeiten, daß die Kurpfuscherei das Gemeinwohl schädige. Darauf wurde dem 19. deutschen Ärztetage in Hildesheim ein Sammelbericht vorgelegt, der u. a. nachwies, daß kurpfuschende Masseusen nicht selten Schwangerschaft für eine Krankheit hielten und Frauen massierten, bis Fehlgeburt eintrat; ob letztere absichtlich erzielt werden sollte, bleibe dahingestellt.

Der Ärztliche Verein Hannover („Ärztliches Korrespondenzblatt für Niedersachsen", Nr. 16, 1912) machte die dortigen Zeitungen darauf aufmerksam, daß jährlich mindestens 20 bis 30 Frauen an kriminellem Abort zugrunde gingen. Hierbei spiele eine große Rolle die in den Zeitungen unter dem Namen „Sorgenlos" oder „Sorgenfrei" viel angepriesene Mutterspritze, deren langes, dünnes, gebogenes Ansatzstück der Abtreibung diene. Der Schaden dieser Anzeigen sei enorm groß; Gesundheitsschädigungen von Frauen und Mädchen durch die Anwendung der angepriesenen Mittel kämen außerordentlich häufig vor, wiewohl infolge der den Ärzten auferlegten Schweigepflicht die Öffentlichkeit selten etwas erführe. Aus einer im April 1910 stattgefundenen Gerichtsverhandlung sei hervorgegangen, daß die Angeklagte einen großartigen Handel mit fruchtabtreibenden Apparaten und Mitteln betrieben habe; bei der Haussuchung wurden Hunderte von Bestellbriefen vorgefunden, welche die schwersten Vorwürfe und herzzerreißendsten Klagen der ins Garn gelockten Opfer enthielten, die durch das Treiben der Angeklagten dauerndem Siechtum verfallen und außerdem in geldgieriger Weise ausgebeutet worden waren.

Gelegentlich der in Düsseldorf 1913 abgehaltenen Tagung der Niederrh.-Westf. Gesellschaft für Gynäkologie und Geburtshilfe waren sich alle Diskussionsredner darüber einig, daß die Zahl der Antikonzipientia groß, ihr Schaden an Gesundheit und Leben unermeßlich sei; Fabrikation und Verkauf der Mittel sollte entweder unterbunden oder letzterer nur den Apotheken gegen ärztliche Verschreibung überlassen sein.

Bentheim (Zeitschr. f. Geburtsh. 77, 3) fand, daß die Zahl der Fehlgeburten Ostpreußens im Zunehmen begriffen und die Fruchtabtreibung erstaunlich ausgebreitet sei; mindestens 19 bis 22% aller Aborte seien künstlich, nicht am wenigsten bei verheirateten Frauen; Todesfälle seien keine Seltenheit; der Verkauf und Hausierhandel mit Mutterspritzen und Intrauterinpessaren sei gesetzlich zu inhibieren, der Hebammenstand sozial zu heben; Privatentbindungsanstalten behördlich zu überwachen; fieberhafte Aborte obligatorisch anzuzeigen.

Schottmüller erklärte in einem Vortrage vor dem Ärztlichen Verein in Hamburg (16. XI. 15), daß auf der ihm unterstellten Abteilung im Jahre etwa 500 Frauen wegen Abort aufgenommen würden. Eine im Jahre 1914 veranlaßte Statistik über die Ursachen der Fehlgeburten habe mindestens in 90% aller Fälle den Abort auf kriminelle Eingriffe zurückgeführt. In 450 Fällen eines Jahres, die Schottmüller persönlich bekannt geworden sind, ist die Schwangerschaft künstlich unterbrochen worden. Schottmüller hat früher festgestellt, daß 10% der betr. Frauen an septischem Abort zugrunde gehen. Die Zahlen zeigen die außerordentliche Gefahr, welche den Frauen beim kriminellen Abort droht; denn natürlich ist die von Schottmüller angegebene hohe Mortalitätszahl eben auf den unter denkbar ungünstigen hygienischen Bedingungen stattfindenden Abtreibungseingriff zurückzuführen; der spontane Abort habe selbstverständlich eine wesentlich günstigere Prognose. Auch von Hebammen werden mechanisch wirkende Abtreibungsmittel in Form von Mutterspritzen usw. angepriesen und verhandelt. Man müsse die Allgemeinheit auf die große Lebensgefahr des kriminellen Aborts hinweisen.

Auch Cramer erachtet (Niederrheinischer Verein für Natur- und Heilkunde) die kriminelle Fruchtabtreibung als erhebliche Ursache des Geburtenrückganges; gewerbsmäßig werde der Akt ganz offen in den Grenzländern betrieben. Cramer erwähnte eine Frau, die von 23 Schwangerschaften 16 mit glattem Erfolge abgetrieben habe; er fordert: schärfste Bestrafung des Abtreibers, Milde für die Schwangere, möglichste Geheimhaltung unehelicher Geburten auch seitens der Behörden, Unterdrückung der Zeitungsankündigungen über Antikonzipientia und Abortiva.

In einer Ärzteversammlung in Mülheim a. Rh. (1911) wies insbesondere Lembke-Duisdorf auf die enorme Verbreitung von Klysopompen hin, die mit einer Art Katheter aus Hartgummi versehen sind; die Zahl der Frauen, welche nach dem Gebrauch der Apparate an septischem Aborte erkrankten und zugrunde gingen, sei größer, als man denke. Der Handel mit diesen Instrumenten sei geradezu schwungvoll. Die Fabriken unterhalten eine Schar Agenten, welche sich Adressen der verschiedensten Berufsklassen verschaffen und bald an alle Schuhmacher, bald an alle Gerichtssekretäre oder Schlosser heute rechtsrheinisch, morgen linksrheinisch die Anpreisungen der Apparate verschicken. Dann kommen Unteragentinnen in die Familien und geben den Frauen die nötigen Aufklärungen über die eigentliche Verwendungsweise der Instrumente. Auch Gasters-Mülheim machte auf Abtreibungs-Kurpfuscher aus Holland und Belgien aufmerksam.

Die Stellungnahme der Gerichte.

Einen weiteren Beleg für den Einfluß des Kurpfuschertums auf den Geburtenrückgang bringt das gerichtliche Vorgehen gegen die professionellen Abtreiber. In dem von der Medizinalabteilung des Ministeriums des Innern bearbeiteten Berichte über „das Gesundheitswesen des Preußischen Staates" auf das Jahr 1903 ist erwähnt, daß 18 Personen wegen vollendeten Verbrechens der Abtreibung der Leibesfrucht, des Versuches oder der Beihilfe dazu gerichtlich verurteilt wurden; davon hatten zwei Personen sich wegen Tötung zu verantworten. Eine gleiche Anzahl von Fruchtabtreibern stellt der Bericht auf das Jahr 1902 fest.

Leubuscher (D. Sbr. Ztg. 1915) stellt auf Grund der gerichtlichen Akten aus dem Bezirke des Landgerichtes Meiningen und der übrigen thüringischen Landgerichte 191 Fälle fest, an denen

109 Mädchen und 82 verheiratete Frauen beteiligt waren. Die meisten Abtreibungen fielen in den zweiten bis dritten Monat der Schwangerschaft. Überwiegend war die Zahl der innerlich wirkenden Mittel, teilweise kombiniert mit mechanisch wirkenden. Die gewerbsmäßigen Abtreiber traten in ziemlicher Zahl auf, besonders wurden aus dem Auslande vielfach oft wertlose Mittel um teures Geld geliefert.

Gelegentlich der Verhaftung der Gießener Schneidermeistersfrau Wamser im Jahre 1913 kam hervor, daß sie in einem etwa 250 Einwohner zählenden Dorfe, das jährlich 20 bis 22 Geburten hatte, diese Zahl auf 4 bis 6 herabzusetzen vermochte.

Nach Pirna in Sachsen war im Oktober 1911 eine Fleischersgattin in Begleitung einer anderen Frau gekommen, hatte sich mit ihr ins Volksbad begeben, wurde nachher bewußtlos aufgefunden und starb im Krankenhause an einem kriminellen Abort. Die Begleiterin war mittlerweile entwichen und wurde später in Böhmen ermittelt. Die Polizei stellte fest, daß in einem sächsischen Dorfe, wo die Abtreiberin oft verkehrte, während eines längeren Zeitraumes die Einwohnerzahl von 1340 auf 700 Personen gesunken war, weil fast gar keine Geburten die Sterbefälle ergänzt hatten.

Im Juni 1914 wurden vor dem Kasseler Schwurgerichte 3 gewerbsmäßige Fruchtabtreiber zu 8 Jahren Zuchthaus verurteilt. Die Fehlgeburten hatten eine hohe Ziffer erreicht und Opfer gefordert.

Im „Gesundheitslehrer" fanden sich Berichte über im Deutschen Reiche erfolgte gerichtliche Verurteilungen von 40 Fruchtabtreibern, unter denen 22 männliche und 18 weibliche waren. Von ihnen hatten sich 9 als Naturheilkundige, 7 als Masseure bzw. Masseusen und 8 als sonstige gewerbsmäßig arbeitende Heilkünstler bezeichnet. Die Zahl der durch die kriminellen Eingriffe verursachten Todesfälle betrug 12, soweit sich solche den mir zugegangenen Zeitungsausschnitten entnehmen ließen.

Die Lockmittel.

Zum Anwerben der Kundschaft bedient sich die gewerbsmäßige Fruchtabtreibung der modernen Reklamemittel, insbesondere der Zeitungsankündigungen. Aus deren ungeheueren Verbreitung, aus dem für sie aufgebrachten Kapitalaufwand darf man ruhig schließen, daß dieser wieder mit Gewinn hereingebracht wird. Mit anderen Worten: Die Zeitungsinserate tragen mächtig zur Entvölkerung bei.

Dem Berichte Reissigs auf dem Danziger Ärztetage (1908) ist zu entnehmen, daß in vielgelesenen deutschen Zeitungen unter den kurpfuscherischen Anzeigen solche, welche Beseitigung von Blutstockungen ankündigen, ein Drittel bis ein Fünftel der Gesamtzahl ausmachten.

Als im „Muskauer Anzeiger" (3. I. 1911) der Berliner Hohenstein „Sichere Hilfe beim Ausbleiben bestimmter Vorgänge" angekündigt hatte, wurde ärztlicherseits eine auffällige Häufung von Fehlgeburten in dortiger Gegend bemerkt. In der oben erwähnten Zuschrift des Hannoverschen ärztlichen Vereins an die Zeitungsredaktionen wird diesen vorgehalten: In jeder Ausgabe der Blätter finden sich in immer wachsender Menge überaus zahlreiche Anzeigen, welche gegen Regel- und Periodenstörungen Pulver, Tropfen u. a. ankündigen; diese Mittel seien für den gesetzwidrigen Zweck, zu dem sie ausschließlich verkauft werden, völlig ungeeignet und daher dem Vertriebe freigegeben; sie bezwecken eben nichts anderes, als ohnehin in Not und Angst befindlichen Frauen und Mädchen unter einer falschen Vorspiegelung ihr Geld abzunehmen; außerdem weisen die Zeitungsanzeigen das Publikum unausgesetzt darauf hin, daß gegen unerwünschte Schwangerschaft etwas gebraucht werden könne; sehen sich die betreffenden Frauen durch den Tee, die Tropfen usw. enttäuscht, dann werden sie zum Ankaufe wirksamerer Mittel, z. B. der Mutterspritzen, verleitet; das sei der Hauptgrund, weshalb die Händler mit Abortivmitteln massenhaft in vielgelesenen billigen Zeitungen inserieren.

Nach Ansicht erfahrener Gerichtsärzte, Leonhardt u. a., sind sich die Inserenten der Wirkungslosigkeit der von ihnen angekündigten Blutstauungsmittel usw. voll bewußt. Die Inserate sollen hauptsächlich eine Art Fühler sein, die im Publikum ausgestreckt werden, um die Frauen herauszufinden, welche geneigt wären, ihre „Stockungen" beheben zu lassen. Die über dieses Leiden Klagenden werden von den Schwindlern in liebenswürdiger Weise empfangen und erhalten mit verständnisvollen Mienen, aber unter vorsichtiger Umgehung des Wortes „Abtreibung" ein harmloses Mittel, das zwar nur einen Wert von wenigen Pfennigen hat, mit-

samt der „Konsultation“ aber meist gut bezahlt (30—50 M.) wird.
Natürlich nützt die „Kur“ nicht, und die Patientin kommt wieder.
Dann wird ihr ein „stärkeres Mittel“ um den doppelten Betrag
aufgehalst. Da selbstverständlich hernach der gewünschte Erfolg
wiederum ausgeblieben ist, erfolgt der Bescheid: „Ja, wenn sogar
dieses Mittel nicht geholfen hat, dann sind Sie wahrscheinlich
schwanger.“ Bestätigt die Patientin diese „Vermutung“, so tut
der Schwindler beleidigt und droht sogar mit der Staats-
anwaltschaft, womit dessen Intervention gegen einen
offensichtlichen Betrug seitens der eine Entdeckung fürch-
tenden Schwangeren meist mit Erfolg hintangehalten wird.
Ein Teil der Schwindler, der sein Geschäft aber voll ausnützen
will, nimmt noch das Risiko des Verkaufs von Abtreibeapparaten,
eventuell auch den artifiziellen Abortus selbst auf sich.

Als gegen das Breslauer Ehepaar Schröpel (i. J. 1912) gerichtlich verhandelt wurde, regte sich die Presse darüber auf, daß
Händler mit absolut wertlosen Mitteln solche den armen, ratlosen
ledigen Frauenspersonen für hohe Preise aufschwatzen; wenn dann
die Betörten und Geschädigten schließlich auf den völligen Miß-
erfolg der Kur hinwiesen, seien sie einfach unter Hinweis auf § 182
des Strafgesetzbuches schroff abgewiesen worden. (Schles. Ztg.
2. III. 1912.)

Gelegentlich einer Verhandlung (20. XI. 1912) vor dem Landgericht Hannover kam hervor, daß eine Firma ein Hühneraugen-
mittel in den Zeitungen ankündigte, mit welchem an den Käufer
gleichzeitig eine Reihe Druckschriften abging, die Antikonzipientia anpriesen. Ein ähnlicher Fall liegt vor bei den
Margonal-G. m. b. H.-Reklamen. In den Zeitungen harmlose
Anzeigen über „Elektro-Gürtel bei Nieren-, Muskel-, Gelenkleiden.
Lehrreiche Broschüren auch über elektro-medizinische Apparate
werden gratis angeboten“. Darauf erhält man ein Preisverzeich-
nis mit Gebrauchsanweisung — — auch für die verschiedensten
Abortivmittel!

In Münster vertrieb eine Krankenkassenkontrolleursgattin aus
Düsseldorf Zahntropfen; dabei bot sie gewerbsmäßig Alu-
miniumsterilets an (Kammergericht 28. XI. 1916).

V. Bauch, Kaufmann in Breslau, unterhielt Agenten und
Reisende zum Verkauf von fruchtabtreibenden Pulvern. Selbst
suchte er keine Berührung mit dem Publikum und bediente sich

als Mittelspersonen sogar 15jähriger Mädchen. In den Zeitungsankündigungen waren stets nur die Adressen der Agentinnen angegeben, welche den Handel vermittelten.

Die Berlinerin Helene Hartmann konnte infolge einer polizeilichen Warnung die gewohnten Anerbietungen „sicherer Hilfe" nicht mehr in den Zeitungen unterbringen, so ließ die Frau denn auf den Berliner Straßen Reklamekarten verteilen, in denen sie den Damen ihre Dienste empfahl. Die Gerichtsverhandlung am 30. X. 1910 endete mit Verurteilung wegen Beihilfe zur Fruchtabtreibung zu 2 Jahren Zuchthaus. 5 Mitangeklagte erhielten zwischen 2 Wochen und 3 Monaten.

Eine ganze Anzahl Gewerbs-Fruchtabtreiber bedient sich der Pensionate, wozu meist Mittelspersonen den Namen hergeben. Der ehemalige Handelslehrer Felgentreu, der Arsenik als Abortivum anwandte, war Teilhaber einer Ziegenmilchanstalt, in welcher die Pensionärinnen gegen Entgelt von 100 bis 200 Mark die ersehnte Hilfe fanden.

Daß Privatentbindungsanstalten zu Abortivzwecken mißbraucht werden, ist nicht von der Hand zu weisen, trotzdem sie konzessionspflichtig sind. Allein die Gewerbebehörden haben den Forderungen der Ärzte bisher nicht Rechnung getragen, welche nichtärztlichen Unternehmungen von Privatkranken- und Entbindungsanstalten in der Behandlung ihrer Kranken Schranken auferlegt wissen möchten. Die in Kurpfuscherhänden befindlichen Anstalten, welche „Damen freundliche und diskrete Aufnahme" in den Zeitungen ankündigen oder „freundliche Aufnahme im stillen Waldhäuschen" anbieten, bedürfen zumindest behördlicher Überwachung.

Gelegentlich der Gerichtsverhandlung gegen den Abtreiber Schönhaar in Heilbronn kam heraus, daß er ein Auskunftsbüro für intime Angelegenheiten sowie ein Stellen- und Heiratsvermittlungsbüro besaß.

Vielfach wird Agitation in öffentlichen Vorträgen für den Handel mit Antikonzipientien betrieben. In dieser Beziehung tat sich besonders die Naturheilkundige Minna Kube hervor, die mit Lichtbildern gewürzte Vorträge für Frauen in vielen größeren Städten hielt. Der Schwerpunkt des Vortrages lag in dem Verkaufe eines Schutzmittels zum Preise von 25 M., das sonst überall um 10 M. zu haben war. Als die Behörden end-

lich auf die Dame aufmerksam wurden, reiste sie weiterhin als
Melitta von Keuren.

In dieser Beziehung hat sich auch die deutsche Naturheilbewegung schuldig gemacht, so daß sogar aus ihr heraus
Stimmen gegen den Unfug, über Schwangerschaftsverhütung
in öffentlichen Versammlungen aufzuklären, laut wurden. (Natur-
ärztl. Ztschr. 1906.) Ein der Bewegung sonst nahestehender Arzt
meinte (Neue Heilkunst 1907), die Versammlungsrednerin sollte
verpflichtet werden, nicht Pessarien zur Verhütung der Konzeption zu zeigen, deren Anwendung zu erklären und zu empfehlen.

Der Jahresbericht des Kgl. Sächs. Landesmedizinalkollegiums
1905 enthält folgenden Passus: „Ein Teil der königlichen Bezirks-
ärzte berichtet, daß sowohl von den sogenannten Naturheilkundigen in ausgedehnter Weise die Massage der weiblichen
Genitalien ausgeübt als auch ein schwunghafter Hausierhandel mit Empfängnis verhütenden, möglicherweise auch
fruchtabtreibenden Mitteln sowie mit bezüglicher Literatur betrieben wird. Ältere Hebammen sprächen in ihren Berichten
offen das Erstaunen darüber aus, wie unterrichtet verheiratete
und ledige Frauen über den Bau ihres Unterleibes seien und
wie sie dies benützen teils zur Verhütung der Konzeption, teils
aber auch direkt zur Fruchtabtreibung. Durch Bücher und Vorträge der Naturheilvereine werde die Anwendung von Mitteln
zur Konzeptionsverhütung und Fruchtabtreibung allgemein verbreitet.“

Die naturheilkundlichen „Reformblätter“ (November 1908)
wandten sich gegen die Übervorteilung des Publikums in gewissen
Versammlungen, wo ehemals sehr maßgebende Personen der deutschen Naturheilbewegung gegen hohe Eintrittspreise sprächen und
Schutzmittel empfählen, für deren Reklame gewisse Gummifabri-
kanten das Geld hergäben. Gummiartikel, die sonst um 1,50 bis
2 M. zu haben wären, würden um 6 bis 20 M. verkauft.

Der wegen Fruchtabtreibung mit Zuchthaus (16. III. 1908) be-
strafte ehemalige Bäcker Bruckhoff hielt aufklärende Vorträge
über Geschlechtskrankheiten und deren falsche Behandlung durch die Mediziner. Er hatte einen eigenen Verein
„Bruckhoff“ gegründet, der dem deutschen Naturheil-
vereinsbunde angehörte, und durfte die Mitglieder der Ber-

liner Ortskrankenkasse für Schlächter behandeln. In der Friedrichstraße besaß er ein „Naturheil-Institut", das in der Nähe von Berg am Spreewald eine Zweigstelle hatte.

Die naturheilkundige Autorität Oberst a. D. Spohr warf dem seinerzeitigen Führer der deutschen Naturheilbewegung vor (Natur-ärztl. Sprechst. 1. XI. 1899), er suche deutsche Frauen durch Suggestion der Nichtempfängnis zu verleiten, sich der Konzeption zu entziehen.

Die der Naturheilbewegung angehörige Literatur war auf dem einschlägigen Gebiete sexueller Aufklärung sehr ergiebig, woraus sich nicht zuletzt die enorme Verbreitung der Naturheilbücher erklärt.

Über das famose Bilzbuch, wohl das verbreitetste Werk der „Naturheilkunde", äußerte sich der Abgeordnete Dittrich in einer Sitzung der II. Kammer des sächsischen Landtages (17. IV. 1902): „Der Beschwerde- und Petitions-Deputation ist sehr mißfällig aufgefallen, daß Bilz' ‚Neues Naturheilverfahren' das Kapitel der Konzeptionsverhütung mit außerordentlicher Breite behandelt. Das ist in einer solchen Weise besprochen, daß es geradezu als Gift, welches in das Volk hineingetragen wird, bezeichnet werden muß: alle möglichen Verhütungsmaßregeln, Manipulationen, und diese außerdem illustriert, daß man sich auch als erwachsener Mann ein bißchen schämen muß, so etwas überhaupt in die Hand zu nehmen. ... Wir sind heute noch, Gott sei Dank, in einer anderen Lage als Frankreich, wo man raffinierter ist, aber wir möchten auch verhüten, daß wir auf jenen Standpunkt kommen."

„Das goldene Frauenbuch, die Frau als Hausärztin", der Frau Dr. med. Anna Fischer Dückelmann, die in der Schweiz approbiert sein soll, ist nicht minder bedenklich bei seiner großen Verbreitung. An dem Buche tadelte Burckhardt (Zentralbl. f. Gynäkol. 1904, 6), daß darin Maßnahmen zur Verhütung der Konzeption mit großer Breite besprochen werden. Bollinger geißelte in der Münch. Allg. Rundschau (2. V. 1914) die von der Fischer-Dückelmann auf 7 Seiten in Wort und Bild eingehend besprochene Antikonzeptionstechnik und die Art und Weise, in welcher die Verfasserin ihre Leserinnen anweist, von den Ärzten die Unterbrechung der Schwangerschaft zu fordern. Prospekte zu diesem Buche werden massenhaft verbreitet und rühmen ausdrücklich dessen Abschnitte über Mittel zur Verhütung einer Kinderzahl, durch welch letztere das Wohlergehen der Mütter oder der Eltern untergraben würde. — Und ein solcher Prospekt wurde von der hochoffiziösen „Bayrischen Staatszeitung" als Reklamebeilage in der Größe eines halben Quadratmeters verbreitet!

Die in der „Naturheilkunde" einst hochangesehenen Reibesitzbäder des Leipziger Kuhne haben zu mehrfachen Fehlgeburten geführt, ein Umstand, der bei den durch diese Bäder vorgeschriebenen, alltäglichen, Monate hindurch vorgenommenen Manipulationen an den Genitalien leicht erklärlich erscheint.

Daß hier und da auch Ärzte eine gewisse Literatur bereichern, ist tief bedauerlich. So haben die „Ärztl. Mitt." (1915, 17) folgendes Inserat der „Hamb. Woche" angenagelt: „Frauen und Männer, leset das wichtige Aufklärungsbuch ‚Die Beseitigung der Schwangerschaft‘, worin der bekannte Frauenarzt Dr. H. Zickel das alle Eheleute interessierende Thema sachgemäß und sehr eingehend behandelt!" Zwar vermeidet da Zickel bedenkliche Ratschläge. Der Titel und das Inserat aber rechnen auf die, die die Unterbrechung wünschen. Andere verlangen nicht nach solchen Büchern. Was die Leser dieses Buches weiter tun, entzieht sich natürlich dem Einblick.

Hebammenpfuscherei.

Als ein weiterer Faktor, der zur Herabminderung der Geburtenfrequenz beiträgt, kommt die Hebammenpfuscherei in Betracht: schon deswegen, weil sie die Morbidität und Mortalität der Gebärenden begünstigt und hierdurch zweifellos auf die Sterblichkeit der Säuglinge Einfluß nimmt. Auch ist ein Fall bezeichnend („Hebammen-Ztg." 1908, 18), in welchem eine Afterhebamme die Nachgeburt unbesehen in ein Schweinetrankschaff legte; als dieses entleert werden sollte, fand man, daß die Nachgeburt sich bewegte, weil in dem uneröffneten Fruchtsack ein Zwillingskind sich befand. Afterhebammen haben auch eine natürliche Scheu vor der Zuziehung des Arztes zur Geburt und veranlassen hierdurch das Absterben des Kindes im Mutterleibe. (Urteil des Essener Landgerichts gegen eine Emilie David.) Die Nichtbeachtung aseptischer Vorschriften bei der Entbindung wird häufig zur Todesursache (z. B. Strafkammerurteil Danzig 1. IV. 1913).

Apparate zur Abtreibung.

Wie bereits mehrfach erwähnt, erfreuen sich die zur Abtreibung geeigneten Apparate großer Verbreitung. Zu ihnen gehört die Mutterspritze, die in Kreisen der Abtreiber sehr beliebt ist. Stempel- oder Gummiballspritzen mit mindestens 10 cm langem, oft noch längerem, spitzem, leicht gekrümmtem Ansatz kommen tatsächlich zu unschuldigem Gebrauche wohl wenig in Anwendung. Ärzte gebrauchen derlei Instrumente nicht und nehmen auch keinen Anlaß, sie zu verordnen.

Den Spritzen ähnlich sind die Klysopompe, mit einer Art Katheter aus Hartgummi versehen. Derartige Werkzeuge kommen gewöhnlich unter dem Namen „Sorgenfrei", „Sorgenlos" in den Handel; eine in Mainz vertriebene Gummispritze „Aktuell" brachte der Verkäuferin, von der sie im Schaufenster ausgestellt war, 50 M. Strafe ein.

Die Frauendusche „Gloria" ist ein Irrigator mit sichelförmigem Ansatzrohr, das einen Abschlußtrichter hat.

Ein anderes, keineswegs harmloses Instrument ist das Sterilett, ein Okklusivpessar, das dem erfinderischen Geiste eines Arztes sein Dasein verdankt. Im Handel wird es nur als Pessar vertrieben, aber dessen in das Cavum uteri einzulegender Stiel dient wohl nicht lediglich zur Befestigung eines antikonzeptionellen Schutzmittels, sondern, wie ärztlicherseits vielfach erfahren wurde, als Abortivum. Ohne Beschwerden wird das Sterilett, wie auf einer Ärzteversammlung zu Mülheim a. Rh. (April 1911) mehrfach betont wurde, selten längere Zeit vertragen, auch nicht vom gesunden Uterus, es veranlaßt entzündliche Prozesse des Unterleibes, insbesondere des Beckenzellgewebes. Unsauber eingeführt, führt es als Abortivum zu Sepsis. Das Sterilett ist vielfach in Händen von Kurpfuschern und Hebammen, die es um 20—25 M. verkaufen, um 1—2 M. aber selbst erstehen.

Die bisherigen Mittel zur Bekämpfung.

Die bisherige Gesetzgebung gibt gewisse Maßnahmen zur Bekämpfung des Unwesens an die Hand, die freilich das Übel nicht an der Wurzel sondern nur auf Umwegen zu fassen erlauben.

Ein Plenarbeschluß des Reichsgerichts vom 14. XII. 1910 besagt, daß eine Vermögensschädigung im Sinne der Betrugspara-

graphen auch dann anzunehmen sei, wenn jemand glaubte, ein
wirksames Abtreibungsmittel zu kaufen, aber ein unwirksames
erhielt.

Ein Reichsgerichtsurteil (11. VI. 1912) lautet anders. Das Ehepaar Schröpel-Breslau hatte einen schwungvollen Handel mit aller-
lei hygienischen Artikeln und Gummiwaren betrieben, wobei ein
Jahresumsatz von 22 000 M. erzielt wurde. Die Kundschaft wurde
durch Inserate und Prospekte in obligater Weise angelockt. Die
verkauften wirkungslosen Mittel im Werte von 20—40 Pf. wurden
um 3—6,50 M. abgegeben. Dies Ehepaar erhielt lediglich wegen
Vergehens gegen die Kais. Verordnung vom 22. Oktober 1910 und
gegen § 184 StGB. eine Geldstrafe von 200 M. Vom Betruge erfolgte Freispruch, weil die Angeklagten von der Wirksamkeit der
feilgebotenen Mittel überzeugt gewesen wären.

Bemerkenswert gegen den Handel mit Antikonzipientien
ist eine Reichsgerichtsentscheidung, die ein Urteil des Magde-
burger Landgerichts vom 25. Juni 1914 bestätigte, wonach eine
Masseuse wegen Betrugs 4 Monate Gefängnis erhielt, weil sie einer
Schwangeren ein wenn auch vollkommen wirkungsloses Mittel ver-
kauft hatte. Der Leipziger Chemiker Lindekuh bekam 3 Monate
Gefängnis und 1000 M. wegen Betrugs mit völlig wirkungslosen
Blutstockungsmitteln.

Prospekte, Broschüren u. dgl. mit Anpreisungen empfängnisverhütender Mittel verfallen gerichtlichen Strafen, denn
sie dienen laut gerichtlichem Urteil ebensogut wie beim ehelichen
Verkehr auch beim unehelichen zur Empfängnisverhütung; die
Verbreitung ist daher eine unzüchtige Handlung.

Die Versendung von Spezialpreislisten über antikon-
zeptionelle Mittel an jeden Beliebigen, der darum ersucht, fällt
unter § 184, 3 (Reichsger. 21. XI. 1910).

Das öffentliche Zurschaustellen von empfängnisverhütenden Mitteln ist gleichfalls mehrfach geahndet worden. Diese
Tatsache ist erwähnenswert, weil Instrumentenhändler und Drogisten ganz erhebliche Mengen gewisser Apparate ausstellen und
so das Straßenpublikum ziemlich auffällig auf deren Zweck aufmerksam machen. (Reichsger. 11. VI. 1912, Landger. Köln
4. III. 1912.)

Lorentzen hat im „Gesundheitslehrer" (1912, 1) darauf hingewiesen, daß ein „Schutzapparat" vom Kais. Patentamt ein Patent

erhielt, ein Apparat, der aus einem Gummiball mit spitzem Uterus-
ansatzrohr bestand! Wenn auch im vorliegenden Falle der Apparat
als solcher nicht patentiert, sondern wahrscheinlich nur mit einem
Warenzeichen versehen worden sein dürfte, so erscheint auch das
nicht unbedenklich. Im übrigen ist die Erteilung von Warenzeichen für Mittel gedachter Art — wie eine Entscheidung des Sächsischen Obersten Gerichtshofes darlegt — nicht geeignet, dem An-
preisenden Straffreiheit auszuwirken; es sei wissenschaftlich noch
unentschieden, ob ein Warenzeichen auch für Waren zu unsittlichen Zwecken eingetragen werden darf, und ob die eventuelle
Versagung auch auf die Waren auszudehnen ist, die nicht lediglich unsittlichen Zwecken dienen, vielmehr unter bestimmten Voraussetzungen in Verkehr gebracht werden dürfen; die Frage des
§ 184, 3 bleibt von den Entschließungen des Patentamts unbe-
rührt (Correspondenzblatt d. sächs. Ärzte 16. II. 1916).

Der richtige Weg ist es, durch besondere, auf die Verhältnisse
zugeschnittene gesetzliche Maßnahmen klare Bestimmungen zu
schaffen, die dann vorbeugend wirken. Das beweisen die
jetzigen Erlasse der Stellv. Generalkommandos.

So hat als erster der Stellvertrende Kommandierende General
des VII. Armeekorps (Münster) auf Grund § 9 b des Belagerungs-
zustandes vom 4. Juni 1851 die öffentliche, wenn auch verschleierte
Anpreisung und den Verkauf von Abtreibemitteln,
insbesondere von stielförmigen Pessaren (Steriletts) und von
Mutterspritzen mit langem Ansatz außer durch Apotheken und
Bandagisten auf schriftliche ärztliche Verordnung verboten sowie
das Angebot diskreten Rates an Frauen und Mädchen
untersagt; das gleiche Verbot trifft die Anwendung solcher Mittel
bei Frauen durch andere Personen als approbierte Ärzte, ferner
die öffentliche Ankündigung, Anpreisung oder Zurschaustellung
von empfängnisverhütenden Mitteln und deren Vertrieb
im Umherziehen (Erlaß vom 5. VI. 1915).

Gleichlautende Verbote erließ dann das Stellvertretende Generalkommando Stuttgart (8. XII. 1915). Das Magdeburger Stellvertretende Generalkommando gab einen Erlaß heraus (11. XI.
1915), welcher überdies nichtapprobierten Personen die Ausübung
der inneren Massage weiblicher Unterleibsorgane und die Ankün-

digung „Rat bei Blutstockungen“ untersagte. Es folgten dann allmählig die sämtlichen übrigen Generalkommandos. Ihre Erlasse haben jetzt im Wesen etwa folgende (nicht überall gleichmäßige) Gesetzeslage geschaffen, die, ohne das Kriterium der Unzucht, des Betruges, und was sonst zur indirekten Bekämpfung herangezogen wurde, folgendes mit Verbot belegt:

1. Ausstellen, Ankündigen, Anbieten und Anraten auch in verschleierter Form oder in Abbildungen, von Verfahren, Mitteln und Gegenständen zur Verhütung der Empfängnis, Beseitigung der Schwangerschaft oder der Menstruationsstörungen, sowie Angebot von „Rat und Hilfe“ u. a. in „diskreten Angelegenheiten“.

2. In Verkehrbringen oder Vorrätighalten derartiger Gegenstände, sofern sie bei weiblichen Personen angewendet werden, auch An- und Verkauf, ja sogar unentgeltliche Überlassung (Ausnahme nur in Apotheken auf ärztliche Anordnung unter Namensangabe und Kontrollbuchführung).

3. Behandlung aller Leiden oder Krankheiten der Geschlechtsorgane und jeder Art Frauenleiden sowie Ankündigung dieser Behandlung selbst nur im Adreßbuch, Telephonverzeichnis oder Wohnungstafeln seitens nichtapprobierter Heilgewerbetreibender. Außerdem die Ankündigungen solchen Gewerbebetriebes überhaupt. Gerade durch die letzten Gedankengänge sind diese Verordnungen über die bisher schon mögliche, nur umständlichere Bekämpfungsart hinausgeschritten und haben die Axt da angelegt, wo ein unkontrollierbares, aber um so ausgiebigeres Treiben gegen das keimende Leben erfolgte. Nur die scheinwissenschaftliche Literatur, die der Zentrumsantrag im preußischen Abgeordnetenhaus erfaßte (25. II. 1916), wäre noch hereinzunehmen gewesen. Sonst sind diese Erlasse als richtunggebend zu erachten.

Literatur.

 1. Guttstädt: Die ärztliche Gewerbefreiheit im Deutschen Reiche und ihr Einfluß auf das öffentliche Wohl. Berlin 1880, W. Köbke, S. 2.
 2. Stenogr. Bericht des Reichstages d. Nordd. Bundes 1869, I, S. 329.
 3. Neustätter: Kurierzwang und Kurpfuschereifreiheit. Die nochmalige Zerstörung einer Legende. Arch. f. d. Gesch. d. Naturwissensch. n. d. Technik. Bd. 6. Leipzig 1913 und Berlin 1917, Jul. Springer.
 4. — Kurpfuscher als ärztliche Sachverständige vor Gericht. Lehmann, München 1914.
 5. Gesundheitslehrer XVI, S. 205.
 6. Ebenda Jahrg. V, S. 29.
 7. Ebenda Jahrg. VI, S. 108.
 8. Ebenda Jahrg. VII, S. 116.
 9. Gesundheitslehrer, Jahrg. VIII, S. 98.
10. Zeitschrift f. Medizinalbeamte 1914, S. 168.
11. Gesundheitslehrer, XVII, S. 2.
12. Graack: Kurpfuscherei und Kurpfuschereiverbot. Jena 1906, S. 61.
13. Zeitschrift f. ärztl. Fortb., 15. August 1913.
14. Jahresber. über d. Med.-Wesen i. Kgr. Sachsen f. 1881, S. 75.
15. Zeitschr. f. Homöop. 1. März 1911.
16. Goldammers Archiv f. Strafrecht, Berlin 1893, Bd. 41, S. 395.
17. Sächs. Archiv f. Rechtspflege, Jahrg. VII, S. 138.
18. Bergmann: „Naturärztl. Zeitschr.“, 15. April 1908.
19. Scholta ebenda 1906, S. 14.
20. Neustätter: Heilreklame im Kriege. Ther.-Mtsh. 1916, Mai-Juni.

Als weitere Quellen sind noch zu nennen:

Graack: Sammlung von deutschen und ausländischen Gesetzen und Verordnungen, die die Bekämpfung der Kurpfuscherei u. die Ausübung d. Heilkunde betr. Fischer, Jena 1904.
Springfeld: Die Überwachung der Kurpfuscherei in Berlin. Ärztl. Sachverst.-Ztg. 13, 1898.
Baer: Medizinalpfuscherei in Eulenburgs Realenzyklopädie d. ges. Heilkunde, 2. Aufl., XII. Bd.
Kantor, Wesen und Kritik der Behandlungsmethoden der Kurpfuscher und ärztlichen Sektierer in E. Müllers Therapie d. prakt. Arztes. Teil 1. Springer, Berlin.
— Geburtenrückgang und Kurpfuscherei. Ther.-Mtsh. 1916, Nov.-Dez.
Alexander: Wahre und falsche Heilkunde. Berlin 1899.
— — — Geschlechtskrankheiten und Kurpfuscherei. Leipzig 1904.
Reissig: Kurpfuscherei und Kurpfuschereibekämpfung. Leipzig 1899.
— Mißstände im Heilgewerbe. Berl. Klin. W. 1910, Nr. 47—49.
Volksgesundheit 1909, S. 1.
v. Hansemann: Der Aberglaube in der Medizin. Berlin u. Leipzig 1914. B. G. Teubner. (Kap. V: Aberglaube und Kurpfuscherei.)

Säuglingspflegefibel. Von Schwester **Antonie Zerwer**. Mit einem Vorwort von Prof. Dr. **Leo Langstein**, Direktor des Kaiserin-Auguste-Victoria-Hauses zur Bekämpfung der Säuglingssterblichkeit im Deutschen Reiche. Vierte, unveränderte Auflage. (91.—130. Tausend.) 1917. Einzelpreis kartoniert M. —.90; von 20 Exempl. an M. —.80; von 50 Exempl. an M. —.70; von 100 Exempl. an M. —.60.

Pflege und Ernährung des Säuglings. Ein Leitfaden für Pflegerinnen und Mütter von Dr. **M. Pescatore**. Sechste Auflage. (58.—78. Tausend.) Bearbeitet von Prof. Dr. **Leo Langstein,** Direktor des Kaiserin-Auguste-Victoria-Hauses zur Bekämpfung der Säuglingssterblichkeit im Deutschen Reiche. 1917. Einzelpreis kartoniert M. 1.20. Bei Entnahme von mindestens 20 Exempl. M. 1.10; von 50 Exempl. M. 1,—; von 100 Exempl. M. —.90.

Kinderpflege-Lehrbuch. Bearbeitet von Dr. med. **Arthur Keller,** Professor in Berlin, und Dr. med. **Walter Birk**, Privatdozent in Kiel. Mit einem Beitrag von Dr. med. **Axel Tagessohn Möller**. Zweite, umgearbeitete Auflage. Mit 40 Textfiguren. 1914. Kart. Preis M. 2.—.

Wie ist die Bevölkerung über Säuglingspflege und Säuglingsernährung zu belehren? Ein Wegweiser für Ärzte, Behörden und Fürsorgeorgane von Prof. Dr. med. et phil. **Leo Langstein,** Direktor des Kaiserin-Auguste-Victoria-Hauses zur Bekämpfung der Säuglingssterblichkeit im Deutschen Reiche. Zweite, umgearbeitete und erweiterte Auflage. 1916. Preis M. 1.—.

Säuglingsfürsorge. Die Grundlage für Deutschlands Zukunft. Dringliche Aufgaben des Säuglingsschutzes. Von Professor Dr. **Leo Langstein,** Direktor des Kaiserin-Auguste-Victoria-Hauses zur Bekämpfung der Säuglingssterblichkeit im Deutschen Reiche. 6. Neudruck. (13. bis 21. Tausend.) 1917. Preis M. —.60.

Der Beruf der Säuglingspflegerin. Deutsche und englische Säuglingspflege. — Die Pflegerinnenschulen Deutschlands. — Staatliche Vorschriften für die Ausbildung des Säuglingspflegepersonals. — Dienstanweisungen. Von Prof. Dr. **Leo Langstein,** Direktor des Kaiserin-Auguste-Victoria-Hauses' zur Bekämpfung der Säuglingssterblichkeit im Deutschen Reiche, und Oberarzt Dr. **F. Rott,** Dirigent des Organisationsamtes für Säuglingsschutz im Kaiserin-Auguste-Victoria-Haus. 1915. Preis M. 1.20.

Demnächst erscheint:
Atlas der Hygiene des Säuglings und Kleinkindes
für Unterrichts- und Belehrungszwecke herausgegeben mit Unterstützung des Hauptvorstandes des Vaterländischen Frauen-Vereins (Hauptvereins) von Professor Dr. **Leo Langstein,** Direktor des Kaiserin-Auguste-Victoria-Hauses zur Bekämpfung der Säuglingssterblichkeit im Deutschen Reiche, und Oberarzt Dr. **F. Rott,** Dirigent des Organisationsamtes für Säuglingsschutz im Kaiserin-Auguste-Victoria-Haus. Über 100 Tafeln mit begleitendem Text. In Mappe. Preis etwa M. 100.—.

Gesundheitsbüchlein. Gemeinfaßliche Anleitung zur Gesundheitspflege. Bearbeitet im Kaiserlichen Gesundheitsamte. Sechzehnte Ausgabe. Mit Textabbild. und drei farbigen Tafeln. 1914. Kart. Preis M. 1.—.
Bei Bezug von mindestens 20 Exempl. karton. je M. —.80.
Das Porto beträgt für 1 Expl. 20 Pf., für 11 Expl. 50 Pf.

**Anleitung zur Gesundheitspflege auf Kauffahrtei-
schiffen.** Auf Veranlassung des Staatssekretärs des Innern bearbeitet
im Kaiserlichen Gesundheitsamte. Fünfte, abgeänderte Ausgabe. 1913.
Preis M. 1.25; kartoniert M. 1.40; in Leinwand gebunden M. 1.75.

**Leitfaden für die erste Hilfeleistung an Bord von See-
fischereifahrzeugen.** Auf Veranlassung des Staatssekretärs des
Innern bearbeitet im Kaiserlichen Gesundheitsamte. 1911.
Preis M. —.45; kartoniert M. —.50; in Leinwand gebunden M. —.60.

Merkblätter des Kaiserlichen Gesundheitsamtes.
Alkohol-Merkblatt. — Cholera-Merkblatt. — Diphtherie-Merkblatt.
— Ruhr-Merkblatt. — Typhus-Merkblatt. — Tuberkulose-Merkblatt.
— Bandwurm- und Trichinen-Merkblatt. — Blei-Merkblatt. —
Dasselfliegen-Merkblatt. — Merkblatt für Chromgerbereien. —
Merkblatt für Feilenhauer. — Schleifer-Merkblatt. — Merkblatt
über das ansteckende Verkalben der Kühe.
Preis dieser Merkblätter je 5 Pf.; 100 Exemplare eines Merkblattes
M. 3.—; 1000 Exemplare M. 25.—.
Porto für 1—4 Expl. 5 Pf., 13 Expl. 10 Pf., 27 Expl. 20 Pf., 56 Expl. 30 Pf., 275 Expl. 50 Pf.
Plakatausgabe des Alkoholmerkblattes: 100 Expl. M. 6.—;
1000 Expl. M. 50.—.
Milch-Merkblatt. — Haustier-Schmarotzer-Merkblatt.
Preis dieser Merkblätter je 10 Pf. (einschl. Porto und Verpackung je 15 Pf.);
50 Expl. eines Merkblattes M. 4.—; 100 Expl. M. 7.—; 1000 Expl. M. 60.—.
Porto für 1—8 Expl. 5 Pf., 10 Expl. 10 Pf., 23 Expl. 20 Pf., 50 Expl. 30 Pf., 250 Expl. 50 Pf.
Pilz-Merkblatt. Mit einer Tafel in farbiger Ausführung.
Preis dieses Merkblattes 20 Pf. (einschl. Porto und Verpackung 25 Pf.);
50 Expl. M. 7.50; 100 Expl. M. 12.50; 1000 Expl. M. 115.—.
Porto für 1—3 Expl. 5 Pf., 8 Expl. 10 Pf., 18 Expl. 20 Pf., 40 Expl. 30 Pf., 200 Expl. 50 Pf.

**Arzneipflanzen-Merkblätter des Kaiserlichen Gesund-
heitsamts** bearbeitet in Gemeinschaft mit dem Arzneipflanzen-Aus-
schuß der Deutschen Pharmazeutischen Gesellschaft Berlin-Dahlem.
Verzeichnis der Arzneipflanzen-Merkblätter:
1. Allgemeine Sammelregeln. 2. Bärentraubenblätter. 3. Herbstzeitlosensamen.
4. Bitterklee. 5. Arnikablüten. 6. Huflattichblätter. 7. Kamillen. 8. Löwenzahn.
9. Wildes Stiefmütterchen. 10. Kalmuswurzel. 11. Schafgarbenblüten und -kraut. 12. Ehren-
preis. 13. Stechapfelblätter. 14. Tausendgüldenkraut. 15. Quendel. 16. Hauhechel-
wurzel. 17. Wollblumen. 18. Rainfarnblüten und -kraut. 19. Eisenhut(Akonit)-Knollen.
20. Malvenblüten und -blätter. 21. Wermutkraut. 22. Tollkirschenblätter. 23. Finger-
hutblätter. 24. Bilsenkrautblätter. 25. Wachholderbeeren. 26. Bibernellwurzel. 27.
Schachtelhalm. 28. Isländisches Moos. 29. Steinkleekraut. 30. Bärlappsporen. 31.
Katzenpfötchenblüten. Als 32. ist ein Merkblatt erschienen, in dem das Sammeln von
Blättern und Blüten, die zur Bereitung von Tee Verwendung finden, angeregt wird,
z. B. Erdbeerblätter, Brombeerblätter, Walnußblätter, Birkenblätter, Lindenblüten,
Holunderblüten, Schlehdornblüten, Blüten der weißen Taubnessel.
Preis je 10 Pf. (einschl. Porto u. Verpackung 15 Pf.); von 20 Expl. an 6 Pf.; von 100 Expl.
an 4 Pf. zuzüglich Porto.
Buchausgabe aller 32 Merkblätter auf besserem Papier in festem Umschlag Preis M. 1.80.

Zu beziehen durch jede Buchhandlung

Säuglingspflegefibel. Von Schwester **Antonie Zerwer**. Mit einem Vorwort von Prof. Dr. **Leo Langstein**, Direktor des Kaiserin-Auguste-Victoria-Hauses zur Bekämpfung der Säuglingssterblichkeit im Deutschen Reiche. Vierte, unveränderte Auflage. (91.—130. Tausend.) 1917. Einzelpreis kartoniert M. —.90; von 20 Exempl. an M. —.80; von 50 Exempl. an M. —.70; von 100 Exempl. an M. —.60.

Pflege und Ernährung des Säuglings. Ein Leitfaden für Pflegerinnen und Mütter von Dr. **M. Pescatore**. Sechste Auflage. (58.—78. Tausend.) Bearbeitet von Prof. Dr. **Leo Langstein**, Direktor des Kaiserin-Auguste-Victoria-Hauses zur Bekämpfung der Säuglingssterblichkeit im Deutschen Reiche. 1917. Einzelpreis kartoniert M. 1.20. Bei Entnahme von mindestens 20 Exempl. M. 1.10; von 50 Exempl. M. 1,—; von 100 Exempl. M. —.90.

Kinderpflege-Lehrbuch. Bearbeitet von Dr. med. **Arthur Keller**, Professor in Berlin, und Dr. med. **Walter Birk**, Privatdozent in Kiel. Mit einem Beitrag von Dr. med. **Axel Tagessohn Möller**. Zweite, umgearbeitete Auflage. Mit 40 Textfiguren. 1914. Kart. Preis M. 2.—.

Wie ist die Bevölkerung über Säuglingspflege und Säuglingsernährung zu belehren? Ein Wegweiser für Ärzte, Behörden und Fürsorgeorgane von Prof. Dr. med. et phil. **Leo Langstein**, Direktor des Kaiserin-Auguste-Victoria-Hauses zur Bekämpfung der Säuglingssterblichkeit im Deutschen Reiche. Zweite, umgearbeitete und erweiterte Auflage. 1916. Preis M. 1.—.

Säuglingsfürsorge. Die Grundlage für Deutschlands Zukunft. Dringliche Aufgaben des Säuglingsschutzes. Von Professor Dr. **Leo Langstein**, Direktor des Kaiserin-Auguste-Victoria-Hauses zur Bekämpfung der Säuglingssterblichkeit im Deutschen Reiche. 6. Neudruck. (12. bis 21. Tausend.) 1917. Preis M. —.60.

Der Beruf der Säuglingspflegerin. Deutsche und englische Säuglingspflege. — Die Pflegerinnenschulen Deutschlands. — Staatliche Vorschriften für die Ausbildung des Säuglingspflegepersonals. — Dienstanweisungen. Von Prof. Dr. **Leo Langstein**, Direktor des Kaiserin-Auguste-Victoria-Hauses zur Bekämpfung der Säuglingssterblichkeit im Deutschen Reiche, und Oberarzt Dr. **F. Rott**, Dirigent des Organisationsamtes für Säuglingsschutz im Kaiserin-Auguste-Victoria-Haus. 1915. Preis M. 1.20.

Demnächst erscheint:

Atlas der Hygiene des Säuglings und Kleinkindes für Unterrichts- und Belehrungszwecke herausgegeben mit Unterstützung des Hauptvorstandes des Vaterländischen Frauen-Vereins (Hauptvereins) von Professor Dr. **Leo Langstein**, Direktor des Kaiserin-Auguste-Victoria-Hauses zur Bekämpfung der Säuglingssterblichkeit im Deutschen Reiche, und Oberarzt Dr. **F. Rott**, Dirigent des Organisationsamtes für Säuglingsschutz im Kaiserin-Auguste-Victoria-Haus. Über 100 Tafeln mit begleitendem Text. In Mappe. Preis etwa M. 100.—.

Zu beziehen durch jede Buchhandlung